Die
Rechtsstellung des Verlegers
nach modernem Recht.

Von

Dr. jur. Heinrich Henneberg.

Berlin 1908.

J. Guttentag, Verlagsbuchhandlung,

G. m. b. H.

Inhaltsverzeichnis.

Die Grundlage der Rechtsstellung des Verlegers: Der Verlagsvertrag.

Die Rechtsstellung des Verlegers im Verlagsvertrage.

Literaturverzeichnis.

Adler, Zur juristischen Konstruktion des Urheberrechts. Im Archiv für bürgerliches Recht, Bd. X, S. 104 ff.

Alexander-Katz, Gutachten im Bd. II S. 146 der Verhandlungen des 25. deutschen Juristentages, Berlin 1900.

Allfeld, Die Reichsgesetze, betreffend das literarische und artistische Urheberrecht. München 1893.

Allfeld, Kommentar zu den Gesetzen vom 19. Juni 1901 betr. das Urheberrecht an Werken der Literatur und der Tonkunst und über das Verlagsrecht. München 1902.

v. Anders, Beiträge zur Lehre der literarischen und artistischen Urheberrechte, eine zivilistische Studie. Innsbruck 1881.

Astor, Das literarische und artistische Miturheberrecht. Leipziger Inaugural-Dissertation. Leipzig 1904.

Bergerat, La propriété littéraire. Sa legislation en France et à l'étranger, son véritable Caractère. Paris (Savin éditeur) 1895.

Birkmeyer, Die Kodifikation des Verlagsrechts. Kritische Bemerkungen zu dem im Reichsjustizamt ausgearbeiteten Entwurf eines Gesetzes über das Verlagsrecht. München 1901.

Birkmeyer, Der Schutz der Editio princeps. Ein Beitrag zur bevorstehenden Reform der Urheberrechts-Gesetzgebung in Mecklenburgische Zeitschrift für Rechtspflege und Rechtswissenschaft. Herausgegeben von Altvater und Birkmeyer. 17. Bd. S. 227 ff. und 335 ff., Weimar 1899.

Birkmeyer, Die Reform des Urheberrechts. München 1900.

v. Calker, Die Delikte gegen das Urheberrecht nach deutschem Reichsrecht dargestellt. Halle a. S. 1894.

Crome, System des deutschen bürgerlichen Rechts, I. und II. Bd. Tübingen und Leipzig 1902.

Dambach, 50 Gutachten über Nachdruck und Nachbildung. Leipzig 1891.

Dernburg, Lehrbuch des Preußischen Privatrechts und der Privatrechtsnormen des Reichs, II. Bd., 5. Aufl. Halle 1897.

Dernburg, Pandekten, II. Bd. 6. Aufl. Berlin 1900.

Eger, Der Phonograph und das Urheberrecht. Im Archiv für bürgerliches Recht, Bd. 18, Berlin 1900, S. 264.

Fischer, Zur Neuregelung des Nachdrucks- und Verlagsrechts im Zeitungswesen, in Festgabe für Wilke. Berlin 1900.

Förster-Eccius, Preußisches Privatrecht, II. Bd., 7. Aufl., Berlin 1896.

Frommhold, Der Rechtsschutz des Bucheignerzeichnens (exlibris). In Deutsche Juristen-Zeitung 1906, XI. Jahrgang Nr. 12.

Fuld, Die Regelung des Verlagsrechts (Mainz) in „Beiträge zur Erläuterung des deutschen Rechts. Herausgegeben von Rassow, Küntzel und Eccius, 5. Folge, II. Jahrgang, 4. und 5. Heft, Berlin 1893 S. 502 ff.

Gerber, System des deutschen Privatrechts. 8. Aufl., Jena 1863.

Gerber, Über die Natur der Rechte des Verlegers und Schriftstellers in Gesammelte juristische Abhandlungen S. 261 ff. Jena 1872.

Gierke, Deutsches Privatrecht, I. Bd., Leipzig 1895.

Harum, Die gegenwärtige österreichische Preßgesetzgebung. Wien 1857.

Hillenbrand, Der Verlagsvertrag. Erlanger Inaugural-Dissertation. Annweiler 1903.

Hinschius, Ist der Buchhändler das an einem Werk ihm vertragsmäßig zustehende Verlagsrecht ohne Zustimmung des Verfassers zu veräußern berechtigt? J. W. 1840, S. 305.

Hofmann, Über Wesen und Rechtswirkungen der Bestellung eines Schriftwerks durch den Verleger. Gera 1896.

Kirchheim, Zur Lehre vom Verlagsrecht. Freiburger Dissertation. 1895.

Kirchheim, Soll der Verleger berechtigt sein, das Verlagsrecht ohne Zustimmung des Autors zu übertragen? In Deutsche Juristen-Zeitung 5. Jahrgang, 1900, Nr. 17/18, S. 389 ff.

Klostermann, Das geistige Eigentum an Schriftwerken, Kunstwerken, Erfindungen, nach preußischem und internationalem Recht. Berlin 1867, Bd. I, Berlin 1869, Bd. II.

Klostermann, Bd. I: Das Urheberrecht und das Verlagsrecht. 2. Ausg. Berlin 1871.

Klostermann, Das Urheberrecht an Schriften und Kunstwerken. Berlin 1876.

Koch, Allgemeines Landrecht für die Preußischen Staaten. Her. im Kommentar mit Anmerkungen. 8. Aufl., Berlin 1884, Bd. I.

Kohler, Das Autorrecht. Jena 1880.

Kohler, Autorrecht und Individualrecht. In Gewerblicher Rechtsschutz und Urheberrecht, Bd. IV, S. 145.

Kohler, Ueber das Recht an Zeitungstiteln. Würzburg.

Kohler, Die Idee des geistigen Eigentums. Im Archiv für zivilistische Praxis, Bd. 82, S. 141 ff.

Kohler, Autorrechtliche Studien. Im Archiv für zivilistische Praxis, Bd. 85 S. 339 ff.

Kohler, Autor-Patent- und Industrierecht. Im Buschs Archiv, Bd. 47, 1887, S. 167 ff.

Kohler, Zur Konstruktion des Urheberrechts. Im Archiv für bürgerliches, Recht, Bd. 10, S. 241 ff.

Kohler, Das literarische und artistische Kunstwerk und sein Autorschutz, eine juristisch-ästhetische Studie. Mannheim 1894.

Kohler, Urheberrecht an Schriftwerken und Verlagsrecht, 1. und 2. Lieferung, Stuttgart 1906.

Kuhlenbeck, Das Urheberrecht an Werken der Literatur und Tonkunst und das Verlagsrecht. Leipzig 1901.

Laband, Die Übertragbarkeit des Verlagsrechts in der Deutschen Juristen-Zeitung, VI. Jahrg., Nr. 5, 1901 S. 106 ff.

Lehmann, Zur Übertragbarkeit des Verlagsrechts. In der Deutschen Juristenzeitung, VI. Jahrg., 1901, Nr. 2 S. 45.

Mitteis, Zur Kenntnis des literarisch-artistischen Urheberrechts nach dem österr. Gesetz vom 26. Dezember. Stuttgart 1898.

Mittelstaedt-Hillig, Das Verlagsrecht. Leipzig 1901.

Mittermeier, Grundsätze des Gemeinen deutschen Privatrechts, 7. Aufl., Regensburg 1847, Bd. II.

Müller, Das deutsche Urheber- und Verlagsrecht, I. Bd., 1.—4. Lieferung, München 1901.

Müller (Josef), Der Verlagsvertrag nach schweiz. Recht (Abhandl. z. schweiz. Recht, herausg. von Dr. Gmür, 5. Heft). Bern 1905.

Oettker, Behandlung der Verlagsverträge im Konkurse des Verlegers. In Deutsche Juristen-Zeitung, 6. Jahrg., Nr. 4, S. 89 ff.

Opet, Beiträge zur Kritik des Entwurfes eines Gesetzes betr. das Urheberrecht an Werken der Literatur und Tonkunst. Im Archiv für zivilistische Praxis, XC, S. 12 ff.

Opet, Deutsches Theaterrecht. Berlin 1897.

Osterriet, Altes und Neues zur Lehre vom Urheberrecht. Leipzig 1892.

Osterriet, Die Geschichte des Urheberrechts in England, mit einer Darstellung des geltenden englischen Urheberrechts. Leipzig 1895.

Osterriet, Die Reform des Urheberrechts, Entwurf eines Gesetzes, das Urheberrecht an Geisteswerken betreffend, nebst Motiven. Ausgearb. im Auftrage des allgem. deutschen Journalisten- und Schriftstellertages, Berlin 1893.

Osterriet, Bemerkungen zum Entwurf eines Gesetzes über das Verlagsrecht. Sonderabdruck aus der Zeitschrift Gewerblicher Rechtsschutz und Urheberrecht, Berlin 1901.

Petsch, Die gesetzlichen Bestimmungen über den Verlagsvertrag in den einzelnen Staaten, sowie die darauf bezüglichen hervorragenden Entwürfe und von der Wissenschaft aufgestellten Grundsätze. Leipzig 1870.

Planck, Kommentar zum BGB, Bd. 1—3, 2. Aufl., Berlin 1900.

Rabel, Die Übertragbarkeit des Urheberrechts nach dem österreichischen Gesetz vom 26. Dezember 1895. In Grünhuts Zeitschrift, Bd. XXVII, S. 71 ff.

Reinhard, Zu § 26 des Verlagsgesetzes. In Zeitschrift für Rechtspflege in Bayern, 1. Jahrg., Nr. 6, 1905.

Röthlisberger, Geistiges Eigentum und geistige Produktion in der Schweiz. Bern 1898.

Röthlisberger, Gesetz über das Urheberrecht in allen Ländern, nebst den darauf bezüglichen internationalen Verträgen und den Bestimmungen über das Verlagsrecht, 2. Aufl., Leipzig 1902.

Scheele, Das deutsche Urheberrecht an literarischen, künstlerischen und photographischen Werken. Leipzig 1892.

Schürmann, Die Rechtsverhältnisse der Autoren und Verleger, sachlich-historisch. Halle a. S. 1889.

Schulz, § 26 des Verlagsgesetzes. In Zeitschrift für Rechtspflege in Bayern, 1. Jahrg., Nr. 15 und 16, München 1905, S. 334 ff.

Schuster, Das Urheberrecht der Tonkunst. München 1891.

Schuster, Das Wesen des Urheberrechts. Eine dogmatische und dogmengeschichtliche Untersuchung. Wien 1891.

Schuster, Grundriß des Urheberrechts. Leipzig 1899.

Seuffert, Autorrecht. Berlin 1873.

Spahn, Urheberschutz und Verlagsvertrag nach den Beschlüssen der Reichstagskommission. In Dtsch. Juristenztg., VI. Jahrg., Nr 8, 1901, S. 172 ff.

Spahn, ebenda, Nr. 9, S. 204 ff.

Stenglein, Die Reichsgesetze zum Schutze des geistigen und gewerblichen Eigentums, 3. Aufl., Berlin 1903.

Stenglein, Zum Entwurf eines Gesetzes über das Verlagsrecht. In Deutsche Juristenzeitung, VI. Jahrg., Nr. 2, S. 36 ff.

Stobbe-Lehmann, Handbuch des deutschen Privatrechts, Bd. III, 3. Aufl., Berlin 1898.

Stranz, Die Übertragbarkeit der Rechte des Verlegers aus dem Verlagsvertrag unter Berücksichtigung des neuen Entwurfs eines Gesetzes über das Verlagsrecht, in Festgabe für Wilke. Berlin 1900.

Streißler, Das Recht für Urheber, Buchhandel und Presse. Leipzig 1890.

Streißler, Entwurf eines Gesetzes betr. das Urheberrecht an Werken der Literatur und der Tonkunst, kritisch beleuchtet. Leipzig 1899.

Struckmann-Koch, Die Zivilprozeßordnung für das Deutsche Reich, II. Bd., 8. Aufl., Berlin 1901.

Voigtländer, Zur Entwicklung des Verlagsrechts, Geschichte — Wünsche. Sonderabdruck aus dem Börsenblatt für den deutschen Buchhandel, Leipzig 1892.

Voigtländer, Die Gesetze, betr. das Urheberrecht und das Verlagsrecht an Werken der Literatur und der Tonkunst, vom 19. Juni 1901. Sachlich erl. Leipzig 1901.

Wächter, Das Autorrecht nach dem gemeinen deutschen Recht. Stuttgart 1875.

Wächter, Das Verlagsrecht mit Einschluß der Lehren von dem Verlagsvertrag und Nachdruck nach den geltenden deutschen und internationalen Rechten, systematisch dargestellt. Stuttgart 1857.

Die Grundlage der Rechtsstellung des Verlegers: Der Verlagsvertrag.

§ 1.

Der Begriff des Verlagsvertrags.

Indem die Veröffentlichung und Verbreitung, kurz überhaupt die wirtschaftliche Ausnutzung eines Geisteswerkes nach § 10 des Gesetzes betreffend das Urheberrecht an Werken der Literatur und der Tonkunst nicht gegen den Willen des Verfassers möglich ist, können Verlegerrechte — von dem höchst seltenen Fall abgesehen, daß der Verfasser seine Einwilligung zur Zwangsvollstreckung in sein Urheberrecht erteilt — nur durch einen Vertrag zwischen dem Verfasser (oder seinem Rechtsnachfolger) und dem Verleger entstehen. Dieser Vertrag, der für den Verfasser in erster Linie die Durchführung seiner persönlichen idealen Interessen, nämlich Bekanntwerden und möglichste Verbreitung seines Werkes, bezweckt, ist regelmäßig ein Verlagsvertrag.

Durch den Verlagsvertrag verpflichtet sich der Verfasser, dem Verleger das Werk zur Vervielfältigung und Verbreitung für eigene Rechnung zu überlassen, während der Verleger verpflichtet ist, das Werk zu vervielfältigen und zu verbreiten (§ 1 des Gesetzes). Da dem Verfasser meist sowohl die Mittel als vor allem die zur Ausübung der Verlegertätigkeiten erforderliche Geschäftskunde fehlt, überträgt er zweckmäßigerweise sein Recht zur pekuniären Verwertung einem berufsmäßigen Verleger und läßt sich als Äquivalent eine möglichst vollkommene Erreichung seines Endzieles: Vervielfältigung und Verbreitung seines Werkes, versprechen.

§ 2.

Abgrenzung von verwandten Verträgen.

Diese Verpflichtung des Verlegers zur Vervielfältigung und Verbreitung ist ein wesentlicher Bestandteil des Verlagsvertrages; durch sie erhält er erst seinen charakteristischen Inhalt, der in der Richtung der Verwirklichung der idealen Wünsche des Verfassers liegt, während das pekuniäre Interesse des Verlegers an der Erreichung desselben Zieles erst als Reflexwirkung erscheint. Fehlt hiernach die Verpflichtung des Verlegers zur Vervielfältigung und Verbreitung, so gewinnt der Vertrag einen völlig anderen Charakter, es liegt überhaupt kein Verlagsvertrag vor, und die Bestimmungen des Verlagsgesetzes finden keine Anwendung. Verträge dieser Art dienen naturgemäß zunächst nicht dem idealen Interesse des Verfassers, sondern in erster Linie den Zwecken des Verlegers, der sich in Verfolgung eines besonderen literarischen Zieles die Benutzung des Geisteswerks nach seinem Belieben sichern oder aus eigenem Unternehmertrieb heraus ein gewisses Werk von einer geeigneten Person verfaßt wissen will und hierbei bestimmenden Einfluß auf dessen ganzen Inhalt und Form ausübt. Das Interesse des Verfassers dagegen wird sich hier in der Vergütung erschöpfen! Solche Verträge hat es von jeher gegeben, und nach buchhändlerischem Gewohnheitsrecht haben sich schon längst gewisse Gattungen von Verträgen gerade in dem Punkt verschieden vom Verlagsvertrag entwickelt, daß hier im Zweifel die Verpflichtung des Verlegers zur Vervielfältigung und Verbreitung fehlen sollte. Dem hat auch die moderne Gesetzgebung Rechnung getragen. § 47 VG. bestimmt:

> „Übernimmt jemand die Herstellung eines Werkes nach einem Plane, in welchem ihm der Besteller den Inhalt des Werkes, sowie die Art und Weise der Behandlung genau vorschreibt, so ist der Besteller im Zweifel zur Vervielfältigung und Verbreitung nicht verpflichtet. Das gleiche gilt, wenn sich die Tätigkeit auf die Mitarbeit an enzyklopädischen Unternehmungen oder auf Hilfs- oder Neben-

arbeiten für das Werk eines anderen oder für ein Sammelwerk beschränkt."

Das Gesetz stellt also bei Verträgen über derartige Arbeiten die Vermutung auf, daß der Besteller zur Vervielfältigung und Verbreitung nicht verpflichtet ist, und erklärt sie damit, ohne ihr Rechtsverhältnis im einzelnen zu regeln, als außerhalb des Verlagsverhältnisses stehend.

Was die Abgrenzung dieser Verträge anbelangt, so ist für den Fall der Bestellung nach gegebenem Plan ein bestimmtes Merkmal angegeben: Nicht schon dann, wenn von dem Verleger die Anregung zu dem Vertragsabschluß ausgegangen ist, ohne daß er auf die weitere Gestaltung des Werkes entscheidenden Einfluß ausgeübt hat, ist der vorliegende Fall gegeben; auch nicht, wenn er dabei genaue Angaben über Umfang, Raumeinteilung des Werkes gemacht und nur den Gegenstand der Schöpfung bezeichnet hat, z. B. wenn ein Verleger für einen Juristen- oder photographischen Kalender, den er herausgeben will, einen Sachverständigen mit der Verfassung der entsprechenden Aufsätze beauftragt, gleichgültig, ob er außer deren Größe, die sich dem Kalenderblatt anpassen muß, auch die Materie, die er behandeln soll, vorschreibt. Hier liegt ein Verlagsvertrag vor. Vielmehr muß der Plan des Bestellers so beschaffen sein, daß er den Inhalt des Werkes sowie die Art und Weise der Behandlung genau bestimmt; der Verfasser muß mit Befolgung dieser dem Werk den vom Verleger gewollten Charakter sowie die bestimmte Gestaltung verleihenden Vorschriften seine Persönlichkeit zurücktreten lassen und sich insoweit dem Verleger unterordnen. Hier ist nun aber nach einer anderen Seite eine wichtige Grenze zu ziehen: Die Tätigkeit des anderen darf nie zu einer nebensächlichen, mechanischen herabsinken, etwa so, daß er den vom Besteller gesammelten und schon ausgeführten Stoff nur noch geschickt zusammenstellt; diese Tätigkeit trägt überhaupt keinen urheberrechtlichen Charakter, solche Hilfsdienste begründen also auch keine Rechte an dem Werk, als dessen Urheber im Sinne des Gesetzes vielmehr lediglich der Besteller in Betracht käme, da er ja den einzelnen Gedanken bereits ihre individuelle Form gegeben hatte. Desgleichen fällt der Fall aus dem

Rahmen des Bestellungsvertrags im Sinne des § 47, wenn sowohl der Verleger als auch der andere, dessen Mitarbeit er sich erworben hat, formgebend tätig geworden sind; hier sind beide Urheber, und zwar ist gleichgültig, ob die Arbeit eines jeden Miturhebers äußerlich unterscheidbar ist oder nicht, sofern nur das gemeinschaftlich produzierte Werk ein untrennbar zusammenhängendes Ganzes bildet [1]). Ganz anders, wenn der Besteller nur den Plan entwirft, mag er auch für den Inhalt sowie die Art und Weise der Behandlung genaue Anleitung geben: nie erlangt er dadurch ein originäres Urheberrecht [2]), nur der andere, der das Material verarbeitet, wird durch die formgestaltende Tätigkeit Urheber im Sinne des § 2 UG. Ganz ohne Bedeutung für diese Frage ist ferner, ob die Bestellung an einen Angestellten im Rahmen eines zwischen diesem und dem Verleger bestehenden Dienstvertrages erfolgt ist; auch sie begründet kein ursprüngliches Urheberrecht. Der Verleger kann sich natürlich die Übertragung ausbedingen, dann erwirbt er aber ein abgeleitetes Urheberrecht, und zwar kraft Vertrages, nie von Rechts wegen [3]).

Weiter muß in diesem Zusammenhang auch der Gedanke abgelehnt werden, daß der Verfasser als Stellvertreter des Bestellers arbeiten und diesem also das Autorrecht an dem Werk unmittelbar zufallen könne. Diese insbesondere von Kohler noch neuerdings [4]) vertretene Ansicht läßt sich unseres Erachtens nicht mit den Be-

---

[1]) Vgl. Mitteis S. 79; Allfeld S. 17.

[2]) A. M. Mitteis S. 79; Astor S. 20; wie der Text Gierke S. 779; Wächter, Aut.-R., S. 95; Dambach (Gutachten) S. 30/31; Scheele S. 10; nicht ganz deutlich, aber wohl ebenso Allfeld S. 63.

[3]) Klostermann, Urheberr., S. 130, nimmt hier „im Fall der reinen Dienstmiete" an, daß der Verleger das Urheberrecht „kraft einer cessio legis" erwerbe. Eine Ausnahme ist nur im § 8 des Gesetzes, betr. U.R. an Werken der bildenden Kunst 1876, bei Porträts und Porträtbüsten vorgesehen, bei denen das Nachbildungsrecht unmittelbar, also kraft cessio legis, auf den Besteller übergeht, ebenso § 7 S. 3 Gesetz betr. Schutz der Photographien v. 10. I. 1876; § 13 Österr. UG.; Japan UG. Art. 25.

[4]) 1906, S. 28; schon früher, z. B. Patentrecht S. 58; Dernburg S. 962; ablehnend unter And. Klostermann, geistiges Eigentum, S. 219.

stimmungen des Urhebergesetzes vereinbaren. § 2 UG. bestimmt ganz kategorisch: Urheber eines Werkes ist dessen Verfasser bzw. dessen Bearbeiter. Hiervon werden nur in § 3 und 4 UG. zwei Ausnahmen gemacht; § 3 sagt:

> „Juristische Personen des öffentlichen Rechts, die als Herausgeber ein Werk veröffentlichen, dessen Verfasser nicht auf dem Titelblatt, in der Zueignung, in der Vorrede oder am Schlusse genannt wird, werden, wenn nicht ein anderes vereinbart ist, als Urheber des Werkes angesehen."

Das Gesetz gibt diese Ausnahmsstellung nur den juristischen Personen des öffentlichen Rechts, nicht aber sonstigen Verlagsunternehmen mit juristischer Persönlichkeit, und bestimmt dementsprechend auch nur für sie in § 32 UG. die Dauer des Urheberschutzes[5]). Aus rein praktischen Gründen trifft das Gesetz diese Bestimmung; um den Nachweis des Erwerbes des Urheberrechts zu ersparen, fingiert es ein Urheberrecht für die juristische Person, welche ein Werk als Herausgeber veröffentlicht. Erst mit der Veröffentlichung erlangt sie diese Rechtsstellung, wird daher das Werk aus irgend einem Grunde — z. B. eine Festgabe aus Anlaß eines Regierungsjubiläums eines Fürsten infolge Ablebens desselben — nicht veröffentlicht, so bleibt das Urheberrecht beim Verfasser. Folgt man dagegen der Ansicht Kohlers, daß der Verfasser als Stellvertreter der juristischen Person das Werk verfaßt, so fiele das Urheberrecht mit der Vollendung des Werks unmittelbar der Bestellerin zu, in dem gegebenen Beispiel könnte auch gegen den Willen des Verfassers das Werk immer unveröffentlicht

[5]) Anders nur bei Sammelwerken: § 4: „Besteht ein Werk aus getrennten Beiträgen mehrerer (Sammelwerk), so wird für das Werk als Ganzes der Herausgeber als Urheber angesehen. Ist ein solcher nicht genannt, so gilt der Verleger als Herausgeber." Ist hier eine juristische Persönlichkeit als Herausgeber genannt, so kommen ihr (z. B. einer Aktiengesellschaft!) die Rechte des Urhebers zu. Gegebenenfalls kann hier auch eine mit juristischer Persönlichkeit begabte Verlagsanstalt, bei der das Werk erscheint, sofern ein Herausgeber nicht genannt ist, als Urheber gelten. Für all diese, aber auch nur diese speziellen Fälle, gilt § 32 UG., wonach der Urheberschutz mit dem Ablaufe von 30 Jahren seit der Veröffentlichung endigt.

bleiben[6]). Abgesehen davon, daß hiernach der ganze § 3 U.G. überflüssig[7]) und § 32 UG. unvollständig wäre, erscheint aber überhaupt die Zulassung der Stellvertretung im Urheberrecht unpraktisch und verwirrend. Gerade das Erfordernis der schöpferischen Tätigkeit erscheint als glückliche Voraussetzung der Entstehung eines Urheberrechts, das demgemäß auch nur in der Person des Schöpfers entstehen kann, widrigenfalls gerade dieses Merkmal verwischt und unter den meist nicht juristisch gebildeten Parteien Streitigkeiten die Folge sein würden.

Die Fragen sind von großer praktischer Bedeutung, denn nach der Person des Urhebers werden die Bedingungen der Entstehung des Urheberrechts und auch die Dauer der Schutzfristen bemessen! — Nach geltendem Rechte kann also der Besteller eines Werkes höchstens ein abgeleitetes Urheberrecht erwerben, nämlich dann, wenn er sich durch Vertrag die Übertragung hat zusichern lassen. Diese kann er sich allerdings z. B. im Dienstvertrag ein

---

[6]) Danach könnte eine Behörde in diesem Fall, wenn ihr die Richtung des Buches nicht paßt, einfach die Veröffentlichung hindern; wie der Text: Klostermann, Geistiges Eigentum, S. 224 ff.; Wächter, Autorrecht, S. 103 ff.; Scheele S. 10 u. 64; Allfeld S. 66/67; And. M. Gierke S. 781/782, ferner schon früher Kohler, Patentrecht, S. 61. Auf letzterer Auffassung, wonach auch juristischen Personen, die ein Werk veröffentlichen, stets das Urheberrecht zukommt, stehen das Schweiz. UG. vom 23. IV. 1883, Art. 2 Abs. 2; Kolumbien UG. v. 26. X. 1886, Art. 5; Costa Rica, Gesetz über d. geist Eigentum v. 26. VI. 1896, Art. 6; Ekuador, Gesetz v. 3. VIII. 1887, Art. 4; England, Zusammenstellung der Urhebergesetze f. d. königl. Urheberrechtskommission 1878, Art. 5 Abs. 4 und 5; Guatemala, Dekret v. 29. X. 1879, Art. 11; Japan UG. v. 3. III. 1899, Art. 6; Niederlande UG. v. 28. VI. 1881, Art. 2b; Österreich-Ungarn UG. vom 26. XII. 1895, Art. 46; Rumänien, Ges. über die Presse v. 1. IV. 1862, § 3; Salvador UG. v. 2. VI. 1900, Art. 7; Spanien Ges. v. 10. I. 1879, Art. 4, Nr. 2; Südafrikanische Republik Ges. v. 23. V. 1887, Art. 2b; Ungarn UG. v. 26. IV. 1884, § 15; Schweden Ges. v. 28. V. 1897, § 8 gewährt zwar Schutz gegen Nachdruck, gibt aber durch die Worte „für Schriften, welche von wissenschaftlichen Gesellschaften oder anderen Vereinigungen veröffentlicht sind, die ein persönliches Urheberrecht ausschließen" deutlich zu erkennen, daß es sich nur um ein fingiertes Urheberrecht handeln könnte.

[7]) So in der Tat Kohler 1906, S. 228, Anm. 19.

für allemal vorsehen, sie kann auch möglicherweise sich aus den ganzen Umständen stillschweigend ergeben[8]).

Während sich unser Gesetz mit der Bemerkung begnügt, daß der Besteller nicht zur Vervielfältigung und Verbreitung verpflichtet ist, im übrigen aber die Rechtsstellung desselben von dem jeweiligen Vertragsinhalt abhängen läßt, finden wir in früheren Gesetzgebungen die Eigentümlichkeiten dieser Verträge vielfach durch positive Bestimmungen in Beziehung auf das Recht des Verlegers berücksichtigt. So bestimmt das Allgemeine Landrecht für die preußischen Staaten von 1794, Teil I, Titel 11 § 1021: „Vorstehende Einschränkungen des Verlagsrechts zum Besten des Schriftstellers fallen weg, wenn der Buchhändler die Ausarbeitung eines Werkes nach einer von ihm gefaßten Idee dem Schriftsteller zuerst übertragen und dieser die Ausführung ohne besonderen schriftlichen Vorbehalt übernommen; oder wenn der Buchhändler mehrere Verfasser zur Ausführung einer solchen Idee als Mitarbeiter angestellt hat."

§ 1022. „In diesen Fällen gebührt das volle Verlagsrecht vom Anfange an dem Buchhändler, und der oder die Verfasser können sich auf fernere Auflagen und Ausgaben weiter kein Recht anmaßen, als was ihnen in dem schriftlichen Vertrage ausdrücklich vorbehalten ist."

Das Gesetz gibt also dem Verleger die vollen Rechte des Urhebers, wobei es sich um ein ursprüngliches, nicht um ein abgeleitetes Urheberrecht handeln dürfte[9]). Ganz auf demselben Standpunkt steht das Österreichische Allgemeine Bürgerliche Gesetzbuch von 1811 in § 1170: „Wenn ein Schriftsteller nach einem ihm von dem Verleger vorgelegten Plane die Bearbeitung eines Werkes übernimmt, so hat er nur auf die bedungene Belohnung

---

[8]) Dies ist sehr häufig der Fall, so namentlich im Kartenverlage; (sowohl der Brauch in dem einzelnen Verlage wie die Vertragsbestimmungen im einzelnen Fall, so insbesondere die Höhe der Vergütung, lassen meist auf die Absicht der Parteien schließen).

[9]) Die Frage ist bestritten: wie der Text u. a. Petsch S. 26, 38, Koch S. 988 Anm. 14, Hofmann S. 34; ein abgeleitetes Urheberrecht nehmen an: Wächter, Verlagsrecht, S. 193; Klostermann, Geistiges Eigentum, S. 223; Urheberrecht, S. 130; Müller, Verlagsvertr. nach Schweiz. R., S. 158.

Anspruch. Dem Verleger steht in der Folge das ganze freie Verlagsrecht zu", und das österreichische Gesetz zum Schutze des literarischen und artistischen Eigentums vom 19. Oktober 1846 in § 1 Abs. 2 lit. a: „Dem Urheber wird, sofern nicht besondere Verträge entgegenstehen, in Beziehung auf den durch dieses Gesetz gewährten Schutz gleichgeachtet: a) der Besteller eines Werkes, welcher dessen Bearbeitung und Ausführung nach einem hergegebenen Plane und auf seine Kosten an einen anderen übertragen hat." Weiter ist hier noch anzuführen, das Badische Landrecht, Buch II, Tit. II, Kap. 6, § 577 da: „Jede niedergeschriebene Abhandlung ist ursprüngliches Eigentum dessen, der sie verfaßt hat, wenn er nicht allein aus fremdem Auftrag und für fremden Vorteil sie entwarf, in welchem Fall sie Eigentum des Bestellers wäre", sowie die Sachsen-Meiningen-Hildburghausensche Verordnung vom 7. Mai 1829 in Art. 8: „Das Recht des Verfassers kommt denjenigen Verlegern zu, welche den Plan eines Werkes, eines Repertoriums, einer Enzyklopädie und dergleichen durch einen oder mehrere Schriftsteller haben ausarbeiten lassen", von denen ersteres dem Verleger schon dann das ursprüngliche Urheberrecht zuteilt, wenn der Verfasser allein aus fremdem Auftrag und für fremden Vorteil das Werk entwarf, also ohne daß der Verleger einen Plan hierzu gemacht hatte.

Mit der Ausbildung des Urheberbegriffs ist diese Auffassung glücklicherweise bald überwunden worden und finden wir daher schon im Bayrischen Gesetz vom 28. Juni 1865 den Besteller nicht mehr dem Urheber gleichgestellt[10]).

Anderseits sei hier noch eine — viel zu weitgehende — Regelung in verlagsrechtlicher Beziehung im Schweizerischen Obligationsrecht von 1883, das in Titel 13 Art. 372 bis 391 den Verlagsvertrag behandelt, erwähnt:

> § 391. „Wenn einer oder mehrere Verfasser nach einem ihnen vom Verleger vorgelegten Plane die Bearbeitung eines Werkes übernehmen, so haben sie nur auf das be-

---

[10]) Der Besteller wird noch heute dem Urheber gleich geachtet, außer in Österreich, in Columbien Art. 17, Ecuador Art. 26 in dubio. Vgl. auch Anm. 6 oben.

bedungene Honorar Anspruch. Dem Verleger steht in der Folge das freie Verlagsrecht zu."

Mit Müller[11]) ist anzunehmen, daß sich dieser an das österreichische Recht lehnende Artikel nicht nur auf Sammelwerke, sondern auf alle hierher gehörigen Bestellungsverträge bezieht.

Weiterhin findet der § 47 Anwendung, auch ohne daß der Verleger einen Plan — in dem oben entwickelten Sinne — geliefert hat, wenn sich die Tätigkeit auf die Mitarbeit an enzyklopädischen Unternehmungen oder auf Hilfs- oder Nebenarbeiten für das Werk eines andern oder für ein Sammelwerk beschränkt.

Enzyklopädien sind Sammelwerke — also Werke, die nach der Klammerdefinition in § 4 UG. aus getrennten Beiträgen mehrerer bestehen, — in welchen irgend ein Gebiet der Wissenschaft oder Kunst in seiner Gesamtheit, bzw. in seinen Grundbegriffen oder überhaupt das ganze menschliche Wissen nach einheitlichen Gesichtspunkten übersichtlich — in systematischer oder alphabetischer Form — dargestellt wird; es sind Werke, „deren Aufriß ein System von Abteilungen und Unterabteilungen enthält, um damit den Gedanken des wissenschaftlichen Zusammenhanges zum Ausdruck zu bringen"[12]). Es ist klar, daß hier dem Besteller, um die Einheitlichkeit und den wissenschaftlichen Zusammenhang zu ermöglichen, Freiheit in der Entschließung darüber gelassen werden muß, ob er das ihm nach Bestellung gelieferte Werk verwenden will oder nicht. Es ist etwas Neues, was der Besteller hier schafft, die „Systembildung" im Sammelwerk genießt daher den Autorschutz[13]), während das Urheberrecht an den einzelnen Beiträgen gemäß obigen Grundsätzen ganz unabhängig davon fortbesteht.

Als Hilfs- oder Nebenarbeiten kommen sowohl mechanische Tätigkeiten in Betracht, wie Anfertigung von Inhaltsverzeichnissen, kurzen Übersichten über ein Sammelwerk, Korrekturlesung, bei musikalischen Werken Transmissionen, Fingersatz, — als auch größere, an sich selbständige, daher auch Urheberschutz genießende

[11]) Verlagsvertr. n. Schweiz. R. S. 160.

[12]) Kohler 1906, S. 257.

[13]) Vgl. Kohler 1906, S. 257.

Arbeiten, die aber dem Werk eines andern dienend, gleichfalls die besondere Behandlung verdienen, z. B. Übersetzungen kleinerer Teile, Anmerkungen mit ergänzender Heranziehung und Besprechung von Neuerscheinungen in der Literatur im Auftrage des Verfassers, z. B. bei einer neuen Auflage des Werkes, bei musikalischen Werken Ausarbeitung eines Klavierauszugs.

Welche Rechtstellung der Verleger in allen diesen Fällen genießt, kann nur nach den Vertragsbestimmungen, möglicherweise aus den Umständen des einzelnen Falles ermittelt werden. Jedenfalls liegt im Zweifel kein Verlagsvertrag vor, die Vorschriften des Verlagsgesetzes finden daher keine Anwendung; maßgebend sind vielmehr die Bestimmungen über den Werkvertrag und den Kauf, jedoch nur insoweit, als diese nicht mit den Grundsätzen des Urheberrechts in Widerspruch treten. Hieraus folgt:

1. Der Verleger ist lediglich zur Entrichtung der vereinbarten Vergütung verpflichtet (§ 631 BGB.); dieselbe gilt als stillschweigend vereinbart, wenn die Herstellung des Werkes — was nach obigen Ausführungen fast ausnahmslos der Fall sein wird — den Umständen nach nur gegen eine Vergütung zu erwarten ist (§ 632 Abs. 1 BGB.)[14]).
2. Der Verfasser ist zur Herstellung des versprochenen Werkes verpflichtet (§ 631 BGB.). Dasselbe muß die zugesicherten Eigenschaften, d. h. dem vom Verleger entworfenen Plan, im Fall des Abs. 2 § 47 VG. dem nach dem Vertrag vorausgesetzten Zweck entsprechen (§ 633 Abs. 1 BGB.).
3. Ist das Werk nicht von der vertragsmäßigen Beschaffenheit, so kann der Besteller die Beseitigung des Mangels verlangen (§ 633 Abs. 2 BGB.). Ob ihm aber die Befugnis des Abs. 3 desselben Paragraphen, nämlich den Mangel selbst[15]) zu beseitigen, wenn der Verfasser mit

---

[14]) Über die Höhe der Vergütung (mangels besonderer Abrede die übliche) s. § 632 Abs. 2, über den Zeitpunkt der Entrichtung § 641, sowie über die Tragung der Gefahr § 644 BGB.

[15]) Oder durch einen andern, für die erforderlichen Aufwendungen kann er gegebenenfalls Ersatz verlangen.

der Beseitigung des Mangels im Verzuge ist, zusteht, hängt — wenigstens insoweit damit eine Änderung des Werkes verbunden ist — von dem Umfang der dem Verleger übertragenen Rechte ab. Selbst wenn dem Verleger das ganze Urheberrecht übertragen wird, hat er gemäß § 9 UG. im Zweifel nicht das Recht, an dem Werk irgend welche Änderung vorzunehmen. Natürlich kann dem Verleger auch das Änderungsrecht vom Verfasser übertragen werden, vielfach wird sich eine dahingehende Absicht der Parteien schon aus den Umständen ergeben.

4. Bei erheblichem Mangel des Werkes kann der Verleger dem Verfasser eine Frist zur Beseitigung setzen, nach deren fruchtlosem Ablauf der Verleger nicht nur wandeln, sondern auch mindern kann (§ 634 BGB.).

5. Im Fall des Gläubigerverzuges des Verlegers (wenn es zur Herstellung des Werkes einer Mitwirkung des Verlegers bedarf, welche dieser unterläßt) kommen die §§ 642, 643 BGB. in Anwendung.

6. Der Verleger kann bis zur Vollendung des Werkes jederzeit, und zwar ohne weiteres (anders § 18 VG.!), den Vertrag kündigen (§ 649 BGB.). Allerdings ist er verpflichtet, die vereinbarte Vergütung — unter der im Satz 2 Halbsatz 2 bestimmten Beschränkung[16]) — zu entrichten. Dem Verfasser dagegen steht kein Kündigungsrecht zu (anders § 35 VG.).

7. Im allgemeinen hat der Verleger überhaupt eine freiere Stellung; so bedarf er zur Übertragung seiner Rechte nicht der Zustimmung des Verfassers (anders § 28 VG.!), im Zweifel ist er in der Zahl der Auflagen nicht beschränkt (anders § 5 VG.). Ferner findet bei Konkurs des Verlegers nicht § 36 VG., sondern lediglich § 17 KO. Anwendung. — Im übrigen aber werden bei

[16]) Der Verfasser muß sich dasjenige anrechnen lassen, was er infolge der Aufhebung des Vertrages an Aufwendungen erspart oder durch anderweitige Verwendung seiner Arbeitskraft erwirbt oder zu erwerben böswillig unterläßt.

der nahen Verwandtschaft der Verträge des § 47 mit dem Verlagsvertrag die Vorschriften des Verlagsgesetzes in Streitfällen vielfach analog herangezogen werden müssen.

Weiter sind aus dem Kreise des Verlagsvertrages die besonderen Verhältnisse der periodischen Sammelwerke auszuscheiden. Es handelt sich hier um Werke, die unter einem bestimmten Namen und in gewissen, nicht unbedingt regelmäßigen Zeitabschnitten fortlaufend erscheinen; ihr Zweck ist, den wechselnden Bedürfnissen der Zeit, sei es durch Tagesfragen besprechende Artikel oder durch Aufsätze wissenschaftlicher Natur zu entsprechen, „kleinere Aufsätze zur Veröffentlichung zu bringen", „wobei es unwesentlich ist, ob die Sammlung dem herrschenden Gedankenkreis zu folgen oder ihm zu widerstreben bestimmt ist, ob die Aufsätze bloß eine vorübergehende Bedeutung haben sollen, oder ob sie darauf angelegt sind, über die Bedürfnisse und Bestrebungen des Tages hinaus etwas Dauerndes zu leisten"[17]). Als solche Werke führt das Gesetz in § 41 VG. Zeitschriften und Zeitungen an; zweifelhaft ist, ob auch Jahrbücher, Kalender, kurz Sammelwerke, die bestimmungsgemäß nur einmal im Jahr erscheinen, in Betracht kommen[18]). Allerdings hat das Gesetz bezüglich der Länge der Erscheinungsfristen keinerlei Einschränkungen[19]) gesetzt; es dürfte sich jedoch aus der Bestimmung des § 45 VG., wonach dem Verfasser nach Ablauf eines Jahres seit der Ablieferung ein Kündigungsrecht zusteht, wenn der Beitrag bis dahin nicht veröffentlicht ist, ergeben, daß nur in kürzeren Zeitabschnitten erscheinende periodische Werke gemeint sein können. Denn anderenfalls stände dem Verleger z. B. eines Kalenders der Beitrag doch nur für den ersten in Betracht kommenden Jahreskalender zu. Kann er ihn dieses Mal nicht verwenden, so muß er schon für die nächstmögliche Gelegenheit — das folgende Jahr — gewärtigen, daß ihm gekündigt wird

---

[17]) Vgl. Kohler 1906, S. 227.

[18]) Bejahend Voigtländer S. 256, Allfeld S. 543: Mittelstädt-Hillig S. 138; Müller, Kommentar S. 403; verneinend Kohler 1906, S. 277.

[19]) Die Begriffsbestimmung des Preßgesetzes (§ 7) für periodische Druckschriften kommen natürlich hier nicht zur Anwendung.

und dennoch seine Verpflichtung zur Honorarzahlung verbleibt. Das kann aber unmöglich der Wille des Gesetzes sein, zumal dem Verfasser unnötigerweise dadurch die Verfügung längere Zeit vorbehalten würde. Vielmehr dürften für die alljährlich nur einmal erscheinenden Werke nicht die Grundsätze über die periodischen Sammelwerke (§§ 41 ff. VG.), sondern die allgemeinen Regeln über den Verlagsvertrag Platz greifen.

Wenn nun auch hier kein innerer Zusammenhang der Artikel erforderlich ist, so legt doch schon die äußere Form und der meist feststehende Umfang der Blätter, bzw. Hefte dem Verleger in der Auswahl des Druckstoffes gewissen Zwang auf, ganz abgesehen davon, daß er auch oft im Interesse der Gangbarkeit der Zeitschrift seinem eigenen Geschmack ein Opfer bringen muß. Diese besonderen Verhältnisse der periodischen Sammelwerke führen dazu, daß dem Verleger nicht ohne weiteres die Verpflichtung zur Veröffentlichung der von ihm angenommenen Arbeiten zugemutet werden kann. Daher bestimmt das Gesetz, daß in der Annahme eines Beitrags zur Veröffentlichung in einer Zeitung, einer Zeitschrift oder in einem sonstigen periodischen Sammelwerk regelmäßig nicht die Übernahme der Verpflichtung zur Vervielfältigung und Verbreitung desselben liegt, also überhaupt kein Verlagsvertrag in Frage kommt. Vielmehr erteilt nur der Verfasser dem Verleger die Erlaubnis, die betreffende Abhandlung zu vervielfältigen und zu verbreiten, während es dessen Ermessen überlassen bleibt, ob und wann er sie abdrucken will. Nur dann, wenn der Verleger dem Verfasser den Zeitpunkt, in welchem der Beitrag erscheinen soll, bezeichnet hat, der Verleger also freiwillig sich der ihm sonst zustehenden Freiheit in der Entschließung über den Zeitpunkt der Veröffentlichung begeben hat, ist ein Anspruch auf Vervielfältigung und Verbreitung des Beitrags begründet, bzw. kann er gegebenenfalls nach den allgemeinen Grundsätzen Schadenersatz wegen Nichterfüllung verlangen. Mit dieser Verpflichtung des Verlegers ist damit aber auch ein Verlagsvertrag gegeben. Ist dieser Zeitpunkt aber vom Verleger nicht angegeben*), dann besteht diese Ver-

*) Anmerk. Wobei zu beachten ist, daß z. B. der Verfasser, der einen Artikel dem Verleger zur sofortigen Veröffentlichung eingesandt

pflichtung des Verlegers nicht. Um nun aber den Verfasser gegen Schikane seitens des Verlegers zu schützen, damit dieser nicht etwa die Veröffentlichung des Werkes dadurch hindern könne, gewährt das Gesetz in § 45 Abs. 1 dem Verfasser das Recht, wenn der Beitrag nicht innerhalb eines Jahres nach der Ablieferung[20]) an den Verleger veröffentlicht wird, das Vertragsverhältnis zu kündigen. Die Kündigung bewirkt die Auflösung des Vertragsverhältnisses, so daß der Verleger den Beitrag nicht mehr veröffentlichen darf, der Verfasser dagegen die freie Verfügung über denselben wiedererlangt. An sich entfiele damit auch der Anspruch des Verfassers auf eine vereinbarte Vergütung; kraft ausdrücklicher gesetzlicher Bestimmung bleibt dieser jedoch unberührt, ja, der Verfasser braucht sich auch nicht dasjenige, was er infolge der Aufhebung des Vertrags durch anderweitige Verwendung seines Beitrags erwirbt, auf die Vergütung anrechnen lassen[21]). Auf den ersten Blick erscheint dies als außerordentliche Vergünstigung, da doch der Verleger von dem Beitrag gar keinen Gebrauch gemacht hat und auch nicht mehr machen kann. Indes liegt der Nutzen, den der Verleger aus dem Vertrag gezogen, in einer anderen Richtung. Für einen Herausgeber von periodischen Sammelwerken ist es von größter Wichtigkeit, eine größere Anzahl von Beiträgen zur Verfügung zu haben, um — bei seiner oben geschilderten Abhängigkeit — stets einen passenden Artikel auswählen zu können. Durch den Vertrag hat er nun dies für ihn so wertvolle Recht, gegebenenfalls den Aufsatz abdrucken zu können, erworben und ein Jahr hindurch genossen. Indem es also hiernach ganz gleichgültig ist, ob der Verleger von seinem ihm eingeräumten Nutzungsrecht Gebrauch

---

hat, dem vom Verleger angegebenen Zeitpunkt nicht etwa als zu spät widersprochen haben darf, da sonst überhaupt kein Vertrag zustande gekommen ist, ferner, daß die Bezeichnung des Zeitpunkts auch stillschweigend durch Annahme der einen Zeitpunkt bereits festsetzenden Vertragsofferte des Verfassers geschehen kann.

[20]) Nicht nach Abschluß des Vertrages, der ja vor oder nach der Ablieferung liegen kann.

[21]) Dies ist auch in dem Kommissionsbericht S. 61 als übereinstimmende Ansicht der Kommission und der Bundesratsvertreter festgestellt, vgl. Allfeld S. 551.

gemacht, die Vergütung vielmehr das Äquivalent für die Erteilung desselben ist, wäre der Verleger geradezu ungerechtfertigt bereichert, wenn seine Verpflichtung zur Zahlung des Honorars deshalb, weil der Verfasser nunmehr nach der Kündigung den Beitrag anderweitig unter denselben, vielleicht pekuniär noch günstigeren Bedingungen verwerten kann, entfiele! Hiernach erscheint es aber völlig irrtümlich, in dem Verfall der Vergütung „trotz anderweiter Verfügung über den Beitrag durch den Verfasser" „eine Art Vertragsstrafe für Unterlassung des Abdrucks"[22]) zu erblicken. Diese Ansicht geht davon aus, daß der Verleger eine, wenn auch nicht juristische, so doch moralische Verpflichtung zur Veröffentlichung habe, die durch die Verpflichtung zur Zahlung der Vergütung[23]) indirekt erzwungen werden soll. Der Verleger habe „durch die Annahme des Manuskripts die Veröffentlichung stillschweigend gewissermaßen zugesagt"[24]). Das Bestehen einer solchen auch nur moralischen Verpflichtung kann aber nicht zugegeben werden. Der Verfasser hat nicht nur keinen Anspruch darauf, daß innerhalb einer bestimmten oder einer nach den Grundsätzen der Billigkeit und unter Berücksichtigung der Umstände des einzelnen Falls bestimmbaren Zeit vervielfältigt werde[25]), sondern er hat überhaupt keinen Anspruch auf Vervielfältigung und Verbreitung. Legt er darauf Wert, so hätte er auf Abschluß eines Verlagsvertrages dringen müssen! Dem Verfasser steht daher auch nicht, wie Kohler[26]) annimmt, vor Jahresfrist ein Anspruch auf vergütungslose Kündigung zu, „wenn die Verzögerung des Erscheinens eine ganz übermäßige ist". § 35 VG., an den man vielleicht denken könnte, kann hier nicht verwendet werden; denn diese Verzögerung des Erscheinens sind eben nicht Umstände, die — nach der objektiven Sachlage — bei dem Abschluß des Ver-

---

[22]) So Voigtländer S. 262, und im Anschluß an ihn Müller, Kommentar S. 411.

[23]) Offenbar in dem Sinne gemeint: wie wenn der Verleger den Beitrag in seiner Zeitschrift benutzt hätte!

[24]) Vgl. Müller, a. a. O.

[25]) Anders Kohler, 1906, S. 303.

[26]) 1906, S. 304.

trages nicht vorauszusehen waren (und den Verfasser bei Kenntnis der Sachlage und verständiger Würdigung des Falles von der Herausgabe des Werkes zurückgehalten haben würden). Jeder, der solche Verträge abschließt, muß damit rechnen, daß der Herausgeber möglicherweise — gleichgültig, aus welchem Grunde — den Beitrag nicht abdrucken läßt. Aber selbst wenn man eine moralische Verpflichtung anerkennen wollte, ist die Auffassung von dem Verfall der Vergütung als eine Art gesetzlich anerkannter Vertragsstrafe unhaltbar. Verletzt wäre durch die Nichtveröffentlichung nur das ideale Interesse des Verfassers am Erscheinen seiner Arbeit; dies liegt doch aber in ganz demselben Maße in den — nicht seltenen — Fällen vor, wo eine Vergütung nicht zugesichert worden ist. Hier mußte, wenn das Gesetz wirklich auf dieser Auffassung stände, in gleicher Weise eine „Vertragsstrafe" zu zahlen sein, wovon aber gar nicht die Rede ist!

Im übrigen aber regelt das Gesetz das Rechtsverhältnis zwischen Verfasser und Verleger auf Grund der Lieferung eines Beitrags zu einer Zeitung, Zeitschrift oder einem sonstigen periodischen Sammelwerk für alle Fälle, gleichgültig, ob ein Verlagsvertrag vorliegt oder nicht, in gleicher Weise. Nach § 41 VG. finden die Vorschriften des Verlagsgesetzes Anwendung, soweit sich nicht aus den folgenden Paragraphen ein anderes ergibt. Da hiernach also grundsätzlich diese Verhältnisse wie ein Verlagsvertrag behandelt werden, so sind die gesetzlich bestimmten Abweichungen im Zusammenhang mit dem Verlagsverhältnis zur Darstellung zu bringen.

Schließlich sind hier noch die Fälle zu erwähnen, in denen jemand ein Werk durch Kauf, Tausch oder Schenkung erwirbt, ohne die Verpflichtung zur Vervielfältigung und Verbreitung zu übernehmen. Diese reinen Veräußerungsverträge verfolgen grundsätzlich überhaupt nicht den Zweck der Vervielfältigung und Verbreitung, haben also mit dem Verlagsvertrag gar nichts gemein. Natürlich kann dem Erwerber auch das Recht zur Vervielfältigung und Verbreitung übertragen werden; inwieweit dies indes bezweckt, insbesondere aus der Überlassung des Manuskripts zu folgern ist, ist im einzelnen Fall zu prüfen.

Ein zweites wesentliches Erfordernis des Verlagsvertrages ist nach obengenannter Begriffsbestimmung die Verpflichtung des Verlegers, die Vervielfältigung und Verbreitung auf seine eigene Rechnung vorzunehmen. Ein Verlagsvertrag liegt also nur vor, wenn der Verleger als selbständiger Unternehmer dem Verfasser gegenübersteht. Der Verleger trägt das Risiko des Geschäfts; nimmt dagegen der Verfasser am Gewinn und Verlust des Geschäfts teil, so liegt ein Gesellschaftsverhältnis, kein Verlagsvertrag vor. Gleichgültig dagegen ist, ob die Vergütung des Verfassers sich nach dem Absatze richtet, indem er zum Beispiel eine bestimmte Summe für jedes verkaufte Buch erhält: dies ist nur eine besondere, allerdings mittelbar mit dem Verlegergewinn zusammenhängende Berechnungsform des Honorars[27]). Keine Verlagstätigkeit liegt jedenfalls vor, wenn der Verfasser sein Werk auf eigene Rechnung drucken läßt und verbreitet. Dies kommt häufig vor, wenn ein Verfasser den Verlegergewinn selbst machen will oder keinen Verleger für sein Werk gefunden hat. Hier kann der Verfasser entweder die Verbreitung selbst betreiben, dann haben wir es mit dem sogenannten „Selbstverlag" zu tun; oder aber — und das ist mit Rücksicht darauf, daß der Verfasser meist der erforderlichen Geschäftskenntnisse ermangelt, der weitaus häufigere Fall — der Verfasser überträgt dies Geschäft einem Buchhändler gegen entsprechende Vergütung, welcher nun im eigenen Namen, jedoch für Rechnung des Verfassers, die Verbreitung vornimmt. Vielfach verpflichtet sich der Verleger auch schon zur Vervielfältigung, die er natürlich dann auch für fremde Rechnung, unter Umständen jedoch unter vorschußweiser Entrichtung der Druckkosten besorgt. In beiden Fällen handelt es sich um kein Verlagsgeschäft, sondern um ein reines Kommissionsgeschäft, das man daher mit dem Ausdruck „Kommissionsverlag" bezeichnet[28]). Der Kommissionsverlag

[27]) Näheres siehe später.

[28]) Eine Unterscheidung von „Kommissionsverlag" und „Sortimentsverlag", welch letzterer dann vorliegen soll, wenn die Verpflichtung zur Vervielfältigung fehlt, ist völlig irrig; auf die Art des Geschäfts, sofern es nur für Rechnung eines anderen in eigenem Namen geschieht, kommt es gar nicht an, immer kommen die Vorschriften des Kommissionsgeschäfts zur Anwendung.

hat hiernach keinerlei Verwandtschaft mit dem eigentlichen Verlag; der Kommissionsverleger ist überhaupt kein Verleger, er erlangt auch kein ausschließliches Recht der Vervielfältigung und Verbreitung, da er dessen als bloßer Kommissionär gar nicht bedarf[29]). Hiernach finden die Vorschriften des Verlagsgesetzes auf den Kommissionsverlag keine Anwendung, vielmehr sind die Bestimmungen des HGB. über Kommissionsgeschäft (§§ 383—406 HGB.) und die ergänzend eintretenden des Bürgerlichen Gesetzbuches über den Dienstvertrag (§§ 611—630, 675 BGB.) maßgebend. Einige Punkte verdienen hier gegenüber dem Verlagsvertrage besondere Betonung:

1. Der Kommissionsverleger hat, sofern er, was regelmäßig der Fall ist, Kaufmann ist, das Geschäft mit der Sorgfalt eines ordentlichen Kaufmanns auszuführen, das Interesse des Verfassers wahrzunehmen und dessen Weisungen zu befolgen, widrigenfalls er zum Ersatze verpflichtet ist. Dies gilt namentlich bezüglich der Art und Weise der Vervielfältigung, der Höhe des Ladenpreises, der Art der Verbreitung (z. B. eventuell Verbot des Verkaufs an Warenhäuser!), was hier der Verfasser allein bestimmt. §§ 384, 385 HGB.[30])

2. Er ist verpflichtet, dem Verfasser, so oft und so genau dies nach der Verkehrssitte im einzelnen Fall zu geschehen hat, über das Geschäft Rechenschaft abzulegen und ihm dasjenige herauszugeben, was er aus der Geschäftsbesorgung erlangt hat, und zwar selbst dann, wenn er das Geschäft zu vorteilhafteren Bedingungen (z. B. alle Exemplare zu höherem Preis verkauft) abgeschlossen hat, als sie ihm von dem Verfasser gesetzt worden waren (§ 384 Abs. 2 und § 387 HGB.).

3. Der Kommissionsverleger ist für den Verlust und die Beschädigung der in seiner Verwahrung befindlichen Exemplare ver-

---

[29]) Nur in der Art ist der Kommissionsverleger, wie Kohler 1906, S. 339 hervorhebt, ein Verleger, als die preßpolizeilichen Bestimmungen über den Verleger auf ihn treffen.

[30]) Über die Frage, inwieweit der Verleger zu Abweichungen von den Weisungen berechtigt ist, s. § 665 BGB.; vgl. aber auch § 386 HGB.: sofortige Erklärungspflicht des Kommittenten, widrigenfalls jegliche Abweichung als genehmigt gilt.

antwortlich, sofern er nicht nachweist, daß der Verlust oder die Beschädigung auf Umständen beruht, die durch die Sorgfalt eines ordentlichen Kaufmanns nicht abgewendet werden konnten (§ 390 HGB.).

4. Die an sich bis zur Abtretung nur dem Kommissionsverleger zustehenden Forderungen aus einem von ihm als solchem abgeschlossenen Rechte gelten, auch wenn sie nicht abgetreten sind, im Verhältnis zwischen dem Verfasser und dem Kommissionsverleger oder dessen Gläubiger als Forderungen des Verfassers (§ 392 HGB.). Daher steht dem Verfasser im Konkurs des Kommissionsverlegers ein Aussonderungsrecht zu.

5. Der Kommissionsverleger haftet nicht für die Erfüllung der Verbindlichkeiten des Dritten, z. B. des Sortimentsbuchhändlers, mit dem er das Geschäft abgeschlossen hat, es sei denn, daß er mit der Anzeige von der Ausführung der Kommission den Dritten nicht namhaft gemacht hat (§ 384 Abs. 3 HGB.), oder unberechtigterweise den Kredit gewährt (§ 393 HGB.), oder aber es ausdrücklich bzw. stillschweigend gemäß einem Handelsbrauch am Orte seiner Niederlassung übernommen hat, dafür einstehen zu wollen (§ 394 HGB.). Der Verfasser trägt eben das Risiko!

6. Anderseits aber kann der Kommissionsverleger die Provision nicht schon beim Abschluß des Geschäfts mit dem Dritten fordern, sondern erst, wenn das Geschäft zur Ausführung gekommen ist (also z. B. die vom Sortimenter geschuldete Kaufsumme für die verkauften Exemplare eingelaufen ist).

7. Im übrigen hat der Kommissionsverleger wegen seiner Provision, wegen aller Aufwendungen, die er z. B. zum Zwecke der Vervielfältigung und Verbreitung hat machen müssen, und die er selbstverständlich — wenigstens, soweit er sie den Umständen nach für erforderlich halten durfte — ersetzt erhält[31]), sowie wegen aller Forderungen aus laufender Rechnung in Kommissionsverlagsgeschäften ein Pfandrecht an den Exemplaren und auch dem Manuskript, soweit er diese noch im Besitz hat, und zwar selbst dann, wenn er Eigentümer des Kommissionsgutes geworden ist (§§ 397, 398 HGB.).

[31]) Vgl. § 670 BGB.

8. Zweifelhaft erscheint es, ob dem Kommissionsverleger das Selbsteintrittsrecht des Kommissionärs im Fall des § 400 HGB. zusteht; danach kann die Kommission zum Verkaufe von Waren, die einen Börsen- oder Marktpreis haben, wenn der Kommittent nicht ein anderes bestimmt hat, von dem Kommissionär dadurch ausgeführt werden, daß er das Gut, welches er verkaufen soll, selbst als Käufer übernimmt. Kann nun der Kommissionsverleger, wenn das Werk einen von dem Verfasser fest bestimmten Ladenpreis hat, als Selbstkäufer auftreten? Die Frage wird von Kohler[32]) bejaht. M. E. kann dem Verleger dieses Recht grundsätzlich nicht zugebilligt werden. Wie das OHG. in einer Entscheidung vom 1. Oktober 1873 Bd. 11 S. 43 festgestellt hat, steht es einer den Selbsteintritt des Kommissionärs ausschließenden Bestimmung gleich, wenn die Natur des in Frage stehenden Geschäfts es in einer jedermann greifbaren Weise mit sich bringt, daß es nicht die Absicht des Kommittenten sein kann, den persönlichen Eintritt des Kommissionärs als Kontrahent zuzulassen. Nun ist der Zweck des Vertrages, durch welchen der Verfasser sein Werk einem Buchhändler in Kommissionsverlag gibt, gewiß zum Teil der, möglichst großen pekuniären Erfolg durch Verkauf möglichst vieler Bücher zu erzielen, so daß ihm in dieser Hinsicht die Person des Käufers gleich sein kann; zum anderen Teil will der Verfasser aber auch hier eine möglichste Verbreitung und ein Bekanntwerden seines Werkes erreichen, in welcher Richtung er durch den Aufkauf sämtlicher Exemplare seitens des Kommissionsverlegers keineswegs befriedigt würde. Im Hinblick auf dieses sehr berechtigte Interesse des Verfassers dürfte es im Zweifel nicht in der Absicht desselben liegen, dem Kommissionsverleger das Selbsteintrittsrecht zuzubilligen; daher steht demselben grundsätzlich — von dem Ankauf einzelner weniger Exemplare abgesehen — nicht das Recht zu, die Exemplare, deren Verbreitung ihm obliegt, selbst als Käufer zu übernehmen[33]).

[32]) 1806, S. 339.

[33]) Der Fall liegt ähnlich wie beim Ramschverkauf (s. hierüber später), zu dem der Kommissionsverleger mit Rücksicht auf seine Pflicht zur Wahrnehmung der Interessen des Verlegers grundsätzlich sicher nicht berechtigt ist!

9. Im übrigen sind beide Teile, wenn ein wichtiger Grund vorliegt, berechtigt, ohne Einhaltung einer Kündigungsfrist zu kündigen. Ein freies Widerrufsrecht steht dem Verfasser nicht zu[34]); ebensowenig besteht mangels eines wichtigen Grundes — und zwar für keinen von beiden — ein freies oder auch nur an bestimmte Fristen gebundenes Kündigungsrecht, da die Dauer des Kommissionsverhältnisses hier aus dem Zweck der Dienste (Verbreitung sämtlicher gedruckten Exemplare!) zu entnehmen, eine vorzeitige Kündigung also stillschweigend ausgeschlossen sein dürfte (vgl. § 620 BGB.). Selbstverständlich sind diese Vorschriften immer dispositiver Natur, sie kommen also nur mangels einer diesbezüglichen Parteivereinbarung in Betracht.

Diesen Verpflichtungen des Verlegers steht als drittes wesentliches Merkmal des Verlagsvertrages die Pflicht des Verfassers gegenüber, dem Verleger das Werk zur Vervielfältigung und Verbreitung zu überlassen; der Verfasser muß dem Verleger die Befugnis und Möglichkeit gewähren, das Geisteswerk in der bezeichneten Richtung wirtschaftlich auszunutzen.

Diese drei besprochenen wesentlichen Erfordernisse müssen bei Abschluß des Verlagsvertrags als von den Parteien gewollt vorhanden sein, damit ein Verlagsverhältnis begründet wird. Anderseits sind dies aber auch die einzigen Begriffsmerkmale, welche das Gesetz für den Verlagsvertrag aufgestellt hat. Insbesondere gehört es nicht zum Begriff desselben, daß eine Vergütung für Überlassung des Schriftwerks zu entrichten ist. Auch wenn vereinbart ist, daß der Verleger kein Honorar zu bezahlen hat, liegt ein Verlagsvertrag vor. Hauptgegenleistung des Verlegers besteht eben darin, daß er die Vervielfältigung und Verbreitung des Geisteswerkes auf seine eigene Rechnung vornehmen läßt. So große Rolle zweifelsohne in den meisten Fällen die Honorarzahlung spielt, so kommen doch viele Verlagsverträge vor, wo eine Vergütung nicht zu bezahlen ist, ja, wo im Gegenteil der Verfasser noch einen Zuschuß zu den Druckkosten leisten muß. Wie Voigt-

---

[34]) Anders Kohler 1906, S. 339; indes findet § 675 BGB. keine Anwendung.

länder[35]) insbesondere hervorhebt, handelt es sich hier nicht nur um Erstlingswerke eines Unbekannten, sondern vielfach um Schriftwerke, die zwar keinen buchhändlerischen Erfolg versprechen, aber für eine Person, Sache, Partei, gelehrte Richtung und dergl. mehr eine große Bedeutung haben können, so bei manchen wissenschaftlich hervorragenden Zeitschriften, deren Verhältnisse bei einem beschränkten Interessentenkreis eine der Arbeit des Verfassers entsprechende Vergütung nicht gestatten.

§ 3.

Die Bedeutung des Verlagsrechts.

Während bezüglich der Honorarleistung das Gesetz nur der historischen Entwickelung des Verlagsvertrags und der demgemäß mit der Verlagspraxis übereinstimmenden Ansicht der Literatur zu folgen hatte, gab es bei einem anderen Punkte, ob nämlich die Übertragung des Verlagsrechts zum Begriff des Verlagsvertrags gehört, eine alte Streitfrage zu entscheiden.

Zum Verständnis dieser Frage müssen wir zunächst das Verlagsrecht einer kurzen Betrachtung unterziehen. Um die Verpflichtung zur Vervielfältigung und Verbreitung übernehmen zu können, um überhaupt die buchhändlerische Spekulation zu rechtfertigen, durch den Absatz der Exemplare nicht nur alle entstandenen Unkosten, wie insbesondere auch ein Honorar zu decken, sondern auch einen Gewinn zu erzielen, muß dem Verleger ein ausschließliches Recht und damit die Möglichkeit gewährt werden, anderen den Abdruck und die Verbreitung des betreffenden Werkes zu verbieten; denn gerade die Straflosigkeit des Nachdrucks in früheren Zeiten war einer jener Hauptmißstände, die ein Aufblühen des Verlagshandels gehindert hatten. Seit Überwindung des mittelalterlichen, jedoch noch bis in die Neuzeit hineinreichenden Privilegienwesens, das in Erteilung von räumlich beschränkten Druckmonopolen an Buchhändler bestand, und Ausbildung des Urheberrechts — indem man zu der richtigen Erkenntnis kam, daß nur dem Schöpfer eines

---

35) S. 222.

Geisteswerkes die Herrschaft über dasselbe gebührt —, kann der Verleger die geforderte Rechtsstellung auch nur aus der Hand des Autors erlangen; er muß sich von ihm selbst dies gegen jedermann geltend zu machende ausschließliche Recht der Vervielfältigung und Verbreitung, das Verlagsrecht, übertragen lassen. Um zu einer juristischen Definition des Verlagsrechts zu gelangen, müssen wir daher zunächst über die Natur des Urheberrechts, in welchem ja das Verlagsrecht wurzelt, im klaren sein. In der Literatur stehen sich verschiedene Meinungen gegenüber. Es ist hier nicht der Ort, auf die verschiedenen Theorien im einzelnen einzugehen, vielmehr soll nur kurz zu den wichtigsten Stellung genommen werden. Die Theorie des geistigen Eigentums, welche die Beschränkung des Eigentumsbegriffes auf körperliche Gegenstände leugnet und daher ein Eigentum an geistigen Erzeugnissen annimmt, kann in der deutschen Literatur[36]) im allgemeinen als überwunden betrachtet werden. Im wesentlichen kommen heute nur zwei Theorien, die des Persönlichkeitsrechts und die von Kohler begründete Theorie des Immaterialgüterrechts, in Betracht[37]). Gierke, der Hauptvertreter der ersten Ansicht, erklärt[38]) das Urheberrecht als ein Persönlichkeitsrecht, „dessen Gegenstand ein Geisteswerk als Bestandteil der eigenen Persönlichkeitssphäre bildet". Aber, wie schon Kohler[39]) betont hat, ein Werk, das ein Autor geschaffen, indem er sich seiner durch individuelle Formgebung entäußert hat, ist kein Bestandteil seiner Persönlichkeit mehr und darum auch nicht der Sphäre, die zur Persönlichkeit gehört. Gleichzeitig be-

---

[36]) Anders die französische und englische.

[37]) Die Konstruktion des Urheberrechts als eines Rechts besonderer Art, welches die moderne Rechtsentwickelung geschaffen habe, indem es sowohl die körperlichen, wie die Vermögensinteressen des Autors zu schützen habe, also weder Vermögens- noch Persönlichkeitsrecht sei, kann nicht als selbständige Theorie anerkannt werden. Es liegt hierin nur eine Negation, daß das Urheberrecht eigentlich unter keine Gruppe unseres Rechtssystems paßt. Diesem Dilemma durch Aufstellung eines besonderen eigentümlichen Rechts auszuweichen, dürfte nur ein Verzicht auf Konstruktion bedeuten.

[38]) S. 756.

[39]) Archiv für bürgerliches Recht, Bd. 10, S. 248.

stimmt Gierke[40]) das Objekt des Urheberrechts dahin, es sei „ein Geisteswerk, das kraft seiner Individualisierung einen gesonderten Bestand, kraft seiner äußerlichen Fixierung ein unabhängiges Dasein und kraft seiner Beschaffenheit als unleibliches Gut einen selbständigen Wert hat". Inwiefern und inwieweit bleibt aber hiernach das Geisteswerk noch Persönlichkeitsgut seines Schöpfers? Deshalb, weil er es geschaffen, ist es doch keineswegs ein Bestandteil seiner Persönlichkeitssphäre, die Tatsache der Urheberschaft, wie schon Kohler[41]) mit Recht hervorgehoben hat, kann unmöglich diese Bedeutung haben! Nicht in, sondern außerhalb der Person des Schöpfers liegt eben der Gegenstand des Autorrechts, die Schöpfung „schafft Entzweiung zwischen dem Schöpfer und dem Geschaffenen"[42]), sie löst sich vom Schöpfer ab; wenn Autoren ihre eigenen früheren Werke, wie es so oft vorkommt, gar nicht mehr billigen und vielleicht durch neue widerlegen, erscheint die Ansicht sicherlich sonderbar, daß diese dennoch Bestandteil der Persönlichkeit sein sollen! Mit Recht bezeichnet Kohler deshalb das Urheberrecht als ein Immaterialgüterrecht, d. h. „ein Recht an einem außerhalb des Menschen stehenden, aber nicht körperlichen, nicht faß- und greifbaren Rechtsgute"[43]). Dieses Rechtsgut ist nicht das sichtbare Geisteswerk, geschützt wird nicht nur die äußere und innere Form, sondern auch der hinter der äußeren Hülle steckende Kern: der individuelle Ideeninhalt, das „imaginäre Bild". Dies imaginäre Bild ist „ein gewisses Abstraktum, es ist die Quintessenz, welche vorhanden ist, in welcher Darstellungsform auch immer das Bild gegeben wird"; der Rest, welcher bleibt, wenn man von einer jeden Darstellungsform abstrahiert[44]). An diesem so gekennzeichneten immaterialen Rechtsgut sind mit Kohler Rechte möglich, die denen an körperlichen Sachen analog sind. Dieses Immaterialrecht ist also nicht identisch mit dem Eigentumsrecht; es enthält nicht, wie

---

[40]) S. 756.

[41]) Autorrecht, S. 35ff. und Buschs Archiv, Bd. 47, S. 188/189.

[42]) Kohler, Archiv f. bürg. Recht, Bd. 10, S. 248.

[43]) 1906, S. 1.

[44]) Vgl. Kohler, Das Kunstwerk und sein Autorschutz, S. 33.

Osterriet[45]) meint, sämtliche Merkmale des Eigentums, weshalb es nach ihm mit dem das Wesen des Rechts wiedergebenden Namen „geistiges Eigentum" zu bezeichnen sei, vielmehr laufen neben den nahen und weitgehenden Analogien, wie sie dieses Immaterialrecht und das Eigentumsrecht, insbesondere bezüglich „der philosophischen Grundlage", der „Zweckbestimmung" und den „Beziehungsverhältnissen zwischen Subjekt und Objekt" haben, tiefe Verschiedenheiten, welche sich z. B. in dem Erwerb, in dem Verlust und der Ausübung des Rechts äußern, aber eben in der Art der Immaterialrechtsgüter, der Immaterialität begründet sind[46]). Dieses Recht am immateriellen Gut ist ein reines Vermögensrecht. Daneben greifen allerdings auch personenrechtliche Momente in das Autorrecht, aber diese können, wie Kohler überzeugend nachweist, das Autorrecht „ebensowenig zum Persönlichkeitsrecht gestalten, als das Eigentum", das ebenfalls nicht ohne personenrechtliche Verhältnisse konstruiert werden kann[47]). Vielmehr ist das Persönlichkeitsrecht streng von dem Immaterialrecht „als einem von der Person gelösten Vermögensrecht zu unterscheiden"[48]). Dieses Individualrecht, wie Kohler es nennt, besteht völlig unabhängig vom Urheberrecht, sowohl ohne, wie neben dem Autorrecht in gleicher Weise.

Fragen wir uns nun nach dieser Kennzeichnung des Urheberrechts, welcher Art das absolute Recht ist, das der Autor dem Verleger zu verschaffen pflegt, so muß zunächst die Ansicht abgelehnt werden, daß der Urheber mit der Einräumung des Verlagsrechts das Urheberrecht als solches überträgt[49]); ebensowenig nimmt er eine beschränkte Übertragung seines Urheberrechts im Sinne des § 8 UG. vor, so daß das Verlagsrecht „ein Ausschnitt aus dem Rechte des Urhebers ist"[50]).

---

[45]) Altes und Neues, S. 84/85.

[46]) Vgl. Kohler in Buschs Archiv, Bd. 47, S. 172.

[47]) 1906, S. 2.

[48]) Archiv f. bürg. Recht, Bd. 10, S. 258.

[49]) S. u. a. Gierke S. 805, wobei streitig, ob das Urheberrecht nur der Ausübung nach oder auch der Substanz nach übertragbar ist. Vgl. auch Schweiz. Obl.-R. Art. 373: „Durch den Verlagsvertrag wird . . . das Urheberrecht in soweit und auf so lange dem Verleger zur Ausübung übertragen, als dasselbe dazu dient, den Verleger zu sichern."

[50]) So Allfeld S. 28 ff.

Der Ansicht, daß dies die Auffassung des Gesetzes sei, welches in Abs. 3 des § 8: — „Die Übertragung des Urheberrechts kann auch mit der Begrenzung auf ein bestimmtes Gebiet geschehen" — hauptsächlich an das sogenannte geteilte Verlagsrecht denke, kann nicht beigetreten werden. Es soll hier nur zum Ausdruck kommen, daß das Urheberrecht als solches nicht nur seinem Inhalte nach beschränkt, also bloß einzelne der in demselben enthaltenen Befugnisse, sondern auch der räumlichen Ausdehnung des autorrechtlichen Herrschaftsgebietes nach beschränkt übertragen werden kann. Vielmehr bedeutet das Verlagsrecht eine rechtliche Beschränkung des Urheberrechts[51]); es ist die Neubegründung eines eigentümlichen Rechts, das ähnlich den dinglichen Rechten an den im Eigentum eines anderen stehenden körperlichen Sachen, wie z. B. dem Nießbrauch, ein beschränktes gegenständliches, quasi-dingliches Recht an dem Urheberrecht als Immaterialgüterrecht ist[52]).

Wie schon oben hervorgehoben, bildet dieses Verlagsrecht, das dem Verleger zur Durchführung der auf eigene Rechnung erfolgenden Vervielfältigung und Verbreitung einen dem Urheberrecht analogen Schutz gewährt, einen regelmäßigen Bestandteil des Verlagsvertrags. Soll der Verleger überhaupt ein ausschließliches Recht der Vervielfältigung und Verbreitung erlangen — und dies ist naturgemäß das Gewöhnliche — so wird er auch die Übertragung des Verlagsrechts, kraft dessen er erst sein Recht Dritten gegenüber behaupten kann, zur Voraussetzung des Vertragsabschlusses machen. Denn während es einerseits dem Verfasser, der doch schon obligatorisch zur Enthaltung im Rahmen des Verlagsvertrags verpflichtet ist, keinerlei weitere Beschränkung auferlegt, ist die Erlangung des Verlagsrechts für den Verleger von geradezu vitalem Interesse: abgesehen davon, daß wohl der Verfasser schwerlich mit derselben Energie nunmehr einem Nachdruck entgegenträte, könnte der Verfasser durch vertragswidrige Übertragung des Urheberrechts oder Verlagsrechts an einen Dritten das Recht des Verlegers

---

[51]) Anders Osterriet, Bem. S. 38, nach dem es überhaupt nur Dritten gegenüber wirke, zwischen Autor und Verleger aber keinerlei Bedeutung habe.

[52]) So viel hier: über seine sonstige Natur ist später zu reden.

völlig vernichten, da dadurch nur eine Unmöglichkeit der Leistung von seiten des Verfassers begründet und dem Verleger mit dem daraus entspringenden Schadensersatzanspruch selten ausreichend gedient sein würde. Soll das ausschließliche Recht daher einen Sinn haben, so muß dem Verleger auch die Möglichkeit seiner Durchführung gegeben werden. Ist es daher an sich theoretisch denkbar, daß ein nur zwischen den beiden Kontrahenten wirksames ausschließliches Recht der Vervielfältigung und Verbreitung, ohne das absolute Recht, das Verlagsrecht, übertragen werde, so wird es praktisch nie vorkommen. Unrichtig ist es jedenfalls, wenn Crome[53]) unter Verlagsrecht nur das obligatorische relative Recht zur ausschließlichen Vervielfältigung und Verbreitung versteht und hiervon die gesondert zu übertragende Befugnis, die zum Schutze des Urheberrechts gegebenen Rechtsbehelfe im eigenen Namen auszuüben, trennt. Aber ein Verlagsrecht ohne diese Schutzmittel wäre ein leerer Wert, nur ein absolut wirkendes Recht kann dem Verleger nützen. Auch nach dem Gesetz ist diese Auffassung unhaltbar: es spricht im § 9 gerade im Zusammenhang mit der Entstehung des Verlagsrechts von dem Rechtsschutz des Verlegers und will offenbar damit den Inhalt des Verlagsrechts, seine Bedeutung für den Verleger charakterisieren. — Von den seltenen Fällen abgesehen, wo der Verleger kein ausschließliches Recht zur Vervielfältigung und Verbreitung erhalten soll, hat also der Verfasser dem Verleger für die Dauer des Vertragsverhältnisses das Verlagsrecht zu verschaffen.

Wie aus unseren obigen Darlegungen hervorgeht, ist hierfür unbedingte Voraussetzung, daß dem kontrahierenden Verfasser das Urheberrecht an dem Vertragsobjekt zusteht. Denn ohne Autorrecht kein Verlagsrecht! Nun kommen aber häufig Verträge vor über urheberrechtlich nicht geschützte Werke, indem entweder an diesen überhaupt niemals ein Urheberrecht entstanden ist, wie z. B. an einer aufgefundenen alten Handschrift, kurz Werken, die aus

---

[53]) System II, S. 720 ff.: nach ihm ist das Verlagsrecht ein dem Besitzschutz des Mieters analoges Recht; ebenso Osterriet, Bem. S. 20 (Anm. 24).

einer dem Urheberschutz noch abgeneigten Periode stammen[54]), oder deren Urheberschutz erloschen ist. Auch hier kann der Verleger ein großes wirtschaftliches Interesse haben, das bisher nicht bekannte Werk zuerst und zunächst allein von seinem Entdecker zur Veröffentlichung zu erhalten, um mindestens allen anderen Verlegern vorauszukommen und so vielleicht den Hauptbedarf zu decken, bevor andere eine anderweitige Herausgabe vornehmen können. Wenn nun auch hier ein Verlagsrecht nicht übertragen werden kann, so kann doch durch die Übernahme der Verpflichtung seitens des Verfassers, sich in demselben Maße wie im Fall der Begründung des Verlagsrechts jeder Verfügung über das Werk zu enthalten, ein dem Verlagsvertrag über ein urheberrechtlich geschütztes Werk ganz ähnliches Vertragsverhältnis begründet werden.

Hier greift nun die Frage ein, von der wir oben ausgegangen sind, ob der Begriff des Verlagsvertrags auch auf die — ihrem Zwecke nach diesen völlig ähnlichen — Verträge auszudehnen ist, wo ein Verlagsrecht nicht übertragen werden soll, beziehungsweise mangels eines Urheberrechts an dem betreffenden Werk nicht übertragen werden kann. In der juristischen Doktrin und Praxis finden wir von den bekanntesten Schriftstellern auf dem Gebiet des Verlagsrechts bis in die neueste Zeit die Ansicht vertreten, daß der Verlagsvertrag seinem Begriffe nach die Verschaffung des Verlagsrechts erfordere, also auch nur bezüglich solcher Werke ab-

---

[54]) Der Finder und Herausgeber eines solchen Werkes genießt nie Autorschutz; anderer Meinung Birkmeyer, Schutz der „editio princeps“ 1899, ebenso, unter völliger Verkennung des Urheberrechts: Frankreich; Dekret v. 22. III. 05, Art. 1, Rußland § 2, Haiti Art. 4, Spanien Art. 2: Nr. 4, Venezuela Art. 4, Costa Rica Art. 21 ff., welche den Herausgeber den Urhebern gleichstellen; verminderten Schutz gewähren: Bolivia Art. 16 auf 30 Jahre, Chile Art. 4 auf 10 Jahre, Columbia gibt unter gewissen Bedingungen bezüglich der in öffentlichen Archiven und Bibliotheken aufbewahrten Handschriften Privilegien auf 10 bis 40 Jahre ähnlich in Verallgemeinerung Salvador Art. 10 für eine Maximalfrist von 5 Jahren; Luxemburg Art. 4 gewährt Schutz auf 50 Jahre; Mexiko Art. 1165 auf Lebenszeit, Peru Art. 4 auf 30 Jahre, Nicaragua Art. 762 auf Lebenszeit.

geschlossen werden könne, an welchen demjenigen, welcher die Veröffentlichung vornimmt, das Urheberrecht zusteht[55]). Da nun aber solche Verträge, bei denen ein Verlagsrecht nicht verschafft werden soll, im übrigen ganz die Natur des Verlagsvertrags hätten, so liege ein dem Verlagsvertrag völlig analoger Vertrag vor, auf den insoweit alle Grundsätze des Verlagsvertrags analog anzuwenden seien; man bezeichnete ihn daher als „uneigentlichen Verlagsvertrag". Mit Recht hat aber unser Verlagsgesetz von 1901 diesen Standpunkt verlassen (vgl. § 1 VG.). Wohl gibt das Verlagsrecht dem Verlagsverhältnis ein eigentümliches Gepräge, der Zweck des Vertrages für Verlaggeber wie Verlagnehmer wie seine ganze sonstige Struktur bleibt jedoch dasselbe, auch hier besteht die Verpflichtung des Verlegers zur Vervielfältigung und Verbreitung; durch das Verlagsrecht wird nur die Rechtsstellung des Verlegers erweitert und befestigt. Deshalb erscheint es aber auch durchaus angebracht, die Verträge nicht zu trennen, sondern unter einen Hauptbegriff „Verlagsvertrag" zu bringen und, wie es auch unser Gesetz tut, nur erst im einzelnen die Ausgestaltung des Vertrags im Normalfall und den besonderen Fällen zu regeln. Bei der Gleichheit dieser Verträge werden wir zunächst die allen Verlagsverträgen gemeinsamen Grundsätze, unter Betonung der etwa aus dem Fehlen der urheberrechtlichen Ausschließungsbefugnis resultierenden kleineren Abweichungen, zur Darstellung bringen, um dann auf die durch Verschaffung des Verlagsrechts dem Verleger gegebenen Rechtsstellung überzugehen.

§ 4.

Die rechtliche Natur des Verlagsvertrags.

Bevor wir uns dieser Aufgabe zuwenden, muß noch über die rechtliche Natur des Verlagsvertrags einiges bemerkt werden. Wie sich aus obigen Ausführungen ergibt, gehört der Verlagsvertrag unter die synallagmatischen (gegenseitigen) Verträge des

[55]) So u. a. Wächter, Verlagsr. I, S. 242 ff., Klostermann, Geistiges Eigentum S. 285, Hofmann S. 17 ff., Österriet, Bem. S. 21, vgl. auch § 1 VO. der deutschen Buchhändler.

Bürgerlichen Rechts, indem notwendigerweise auf beiden Seiten eine Verpflichtung zu Leistungen begründet wird, so daß die eine Leistung das Äquivalent der anderen bildet. Während aber regelmäßig bei diesen Verträgen jeder Kontrahent nur Erfüllung Zug um Zug, also die Leistung des anderen nur unter gleichzeitigem Angebot der eigenen beanspruchen kann, ist es in der Natur des Verlagsvertrages begründet, daß der Verfasser vorleistungspflichtig ist.

An eine bestimmte Form ist der Verlagsvertrag nach deutschem Recht nicht gebunden[56]). Vielmehr haben wir es mit einem reinen Konsensualkontrakt zu tun, der lediglich durch die Willensübereinstimmung der Parteien gültig zustande kommt. Allerdings wird der Vertrag, wie insbesondere Voigtländer[57]) hervorhebt, regelmäßig schriftlich abgeschlossen, indem unter den Parteien eine Vertragsurkunde, unter Umständen auch nur vom Verfasser eine einseitige „Abtretungsurkunde" („Verlagsschein") ausgestellt wird.

Was nun die Frage anbelangt, unter welchen gemeinrechtlichen Vertragstypus der Verlagsvertrag gestellt werden muß, so ist hier zunächst zu bemerken, daß alle Versuche, ihn unter einen der bestehenden Schulbegriffe zu zwängen, an der eigentümlichen Ausgestaltung des Verlagsvertrags scheitern mußten. Man konstruierte den Verlagsvertrag als Kaufvertrag, Gesellschaftsvertrag, Dienst- oder Werkvertrag, wie auch als Miets- oder Pachtvertrag und Auftrag[58]). Die Unmöglichkeit dieser Einzwängung in eines dieser Rechtsinstitute ist nach den obigen Darlegungen zu offensichtlich und zu oft schon in besonderen Abhandlungen nachgewiesen worden, so daß eine eingehendere vergleichende Darstellung sich erübrigt. Der Verlagsvertrag ist eben durch die moderne, freie

[56]) Anders nach manchen ausländischen Gesetzen: Vgl. Frankreich Ges. v. 19. VII. 1793 Art. 3 und code Napoléon Art. 1341, 1325, Finnland § 28, wo Schriftlichkeit verlangt wird; Rußland § 4 (je nach dem Notariatsreglement in der betreffenden Ortschaft mangels dieser Eintragung ins Mäklerbuch), Türkei Art. 3; ebenso auch früher Preußen ALR. Teil I Tit. 11 § 998.

[57]) S. 163.

[58]) So nimmt noch Eisenmann: „le central d'édition et les autres lonages d'oeuvres intellectuelles", Paris 1894 S. 86 „lonage de chose" an.

Verkehrsentwickelung geschaffen worden, die sich nicht an die starren Formen des römischen Rechts hält; immerhin weist aber der Verlagsvertrag zahlreiche Analogien mit anderen Instituten des Privatrechts auf, so daß deren Rechtssätze vielfach zur Ergänzung analog herangezogen werden können.

Hierbei fragt es sich nun, ob der Verlagsvertrag zu den Gebrauchsverträgen oder den Austauschgeschäften zu zählen ist.

Ist die Leistung des Verlegers die Gegenleistung für die Gebrauchsüberlassung des Geisteswerks zu einem bestimmten Zweck oder die Gegenleistung für Überlassung eines Guts? Osterriet[59]) u. a. argumentiert so: Für den Verleger sei die Veröffentlichung des Werks nur ein Mittel zu der wirtschaftlichen Verwertung der im Werk enthaltenen und durch seine Verlagstätigkeit zu verwirklichenden Werte. Zur Erreichung dieses Zwecks überläßt der Urheber dem Verleger das Geisteswerk zur bestimmungsgemäßen wirtschaftlichen Verwertung, während der Verleger selbst eine wirtschaftliche Leistung zu bewirken hat, die in der ihm zur Pflicht gemachten Vervielfältigung und Verbreitung des Werkes besteht. Auf seiten des Autors steht also die Gewährung des Gebrauchs einer immateriellen Sache, auf seiten des Verlegers die Pflicht zu einer wirtschaftlichen Leistung als Entgelt, wodurch die Analogie zum Pachtvertrag oder dem Mietvertrag bzw. einer Verbindung von Miete und Mandat gegeben sei. Wenn aber diese Auffassung richtig ist, daß die Verpflichtungen des Verlegers, insbesondere auch die Pflicht zur Honorarleistung, das Äquivalent für die Gebrauchsüberlassung sei, so müßte in dem Fall, daß das Geisteswerk nach der Ablieferung an den Verleger durch Zufall untergeht, also wenn es z. B. nur in einem Manuskript festgelegt und dieses beim Verleger vor der Vervielfältigung zerstört wird, der Verleger seiner sämtlichen Pflichten, auch der zur Honorarzahlung, frei werden, da eine vom Verfasser nicht zu vertretende Unmöglichkeit der Erfüllung seiner Verbindlichkeit, nämlich der Gebrauchsüberlassung (von diesem Standpunkt aus), vorliegen würde. Dies ist aber nicht der Fall; vielmehr hat der Verleger insoweit, als

---

[59]) Gutachten zum 25. Juristentag 1900 S. 191/192.

dies noch möglich, seine Leistung zu bewirken: ist eine Vergütung zu entrichten, so hat er diese selbst dann zu leisten, wenn aus irgend einem Grunde das Werk zur Veröffentlichung unbrauchbar wird (§ 33 VG.)[60]. Die Leistung des Verlegers ist also, wie schon Kohler[61] argumentiert, „wenigstens teilweise unabhängig von der Möglichkeit des Gebrauchs oder Nichtgebrauchs des Autorguts"; sie kann also auch nicht das Äquivalent für die Gebrauchsüberlassung sein, sie ist vielmehr die Gegenleistung für die Überlassung eines Guts: Der Verlagsvertrag ist also mit Kohler ein Austauschgeschäft. Dies gilt in gleichem Maße sowohl für den Verlagsvertrag über ein bestehendes als über ein erst herzustellendes, künftiges Werk. Eine Trennung dieses letzteren Vertrags in zwei gesonderte: einen Werkvertrag bezüglich der Herstellung des Werks und einen Verlagsvertrag, ist meines Erachtens nicht angängig; auch hier liegt nur ein Vertrag, und zwar ein Verlagsvertrag, vor, nur daß sich die Verpflichtung des Verfassers durch die — in der Richtung seiner Pflicht zur Überlassung des Vertragsgegenstandes liegende — Verpflichtung zur Herstellung des Werks erweitert; dieses hierbei entstehende besondere Verhältnis ist nach den Grundsätzen der verwandten Verpflichtung des Unternehmers beim Werkvertrag analog zu behandeln.

Die Rechtsstellung des Verlegers im Verlagsvertrag.

§ 5.

Allgemeines.

Die Frage, ob die Begründung des Verlagsrechts ein wesentliches Merkmal des Verlagsvertrags ist, haben wir oben schon im verneinenden Sinne entschieden. Es können also Ver-

---

[60]) Hier ebenso Schweiz. Obl.-R. Art. 387. Hierin gehört auch der Fall, wenn das Manuskript durch irgend einen Vorgang unleserlich geworden ist, oder, wie Kohler 1906 S. 295 hervorhebt, das Autorgut durch Staatsakt unbrauchbar wird, so wenn der Staat nachträglich die Verbreitung des Werks verbietet.

[61]) 1906, S. 294.

lagsverträge nicht nur vom Verfasser, sondern von jedem, der überhaupt das Werk zur Vervielfältigung und Verbreitung überlassen kann, also namentlich dem Eigentümer einer Handschrift, abgeschlossen werden[62]), sie sind zulässig sowohl über gemeinfreie Werke, bei denen die Begründung des Verlagsrechts unmöglich ist, als auch über urheberrechtlich geschützte Werke, bei denen diese normale Folge des Verlagsvertrags ausgeschlossen wird. Während nun aber bei den Werken, an denen ein Autorrecht besteht, ein ausschließliches Recht der Vervielfältigung und Verbreitung, wie schon oben dargetan,*) nur mit einem dinglichen Recht, dem Verlagsrecht, begründet wird, ist bei den gemeinfreien Werken nur die Übertragung des relativen, obligatorischen ausschließlichen Rechts möglich, wodurch ein dem normalen Verlagsverhältnis in seiner obligatorischen Gestalt ähnlicher Zustand geschaffen wird. Obgleich hiernach bei Werken, an denen ein Urheberrecht besteht, nur in den seltenen Fällen, wo der Verleger kein ausschließliches Recht zur Vervielfältigung und Verbreitung erhalten soll, ein Verlagsrecht nicht begründet wird, erscheint es uns doch von hoher Bedeutung, auch bei den gewöhnlichen Verlagsverträgen mit Begründung des Verlagsrechts das obligatorische Verlagsverhältnis in den Vordergrund zu stellen; nicht nur die Pflichten des Verlegers, sondern auch die Rechte sind in erster Linie obligatorischer Natur, sie sind nicht etwa bloß Begleiterscheinungen eines dinglichen Verlagsverhältnisses, wie es von einigen sogar unserer bekanntesten Schriftstellern dargestellt wird (worüber später zu sprechen ist), sondern das Verlagsrecht dient nur zur Stärkung der zunächst lediglich obligatorischen Rechtsstellung des Verlegers. Im folgenden ist daher zunächst das obligatorische Verlagsverhältnis, wie es sich durch Übertragung des obligatorischen ausschließlichen Rechts zur Vervielfältigung und Verbreitung bei allen Vertragsverträgen gestaltet, zur Darstellung zu bringen und dann die Rechtsstellung des Verlegers auf Grund des für ihn geschaffenen Verlagsrechts zu beleuchten.

---

[62]) Vgl. § 48 VG.

*) Anm.: Vgl. S. 56 und später u. a. S. 126 ff.

Da die Rechte des Verlegers großenteils in den Pflichten des Verfassers ihre Ergänzung finden, beginnen wir im nächsten Abschnitt mit der Darstellung der aus dem Verlagsvertrag für den Verfasser entspringenden Verbindlichkeiten.

Erstes Kapitel.

Das allen Verlagsverträgen gemeinsame obligatorische Verlagsverhältnis.

1. Die Pflichten des Verfassers und die Folgen ihrer Nicht- bzw. nicht gehörigen Erfüllung.

§ 6.

Die Lieferung des Werkes.

a) Erfordernisse des Werkes.

Die wichtigste und, wie wir oben gesehen, für den Verlagsvertrag einzige wesentliche Verpflichtung des Verfassers besteht darin, das Werk, welches Gegenstand des Vertrags ist, zu liefern und es dem Verleger zur Vervielfältigung und Verbreitung zu überlassen. Hierbei ist zu unterscheiden, ob der Vertrag über ein bereits bestehendes Werk oder ein vom Verfasser erst herzustellendes abgeschlossen ist. Handelt es sich um ein erst zu schaffendes Werk, so hat der Verlaggeber im Zweifel die Pflicht, das Werk persönlich auszuarbeiten. Das Gesetz enthält allerdings hierüber keine allgemeine Vorschrift. Indes ergibt sich dies aus solchen Verträgen von selbst: Der Verleger hat gerade diesen Verfasser zur Schaffung des in Frage kommenden Werkes als geeignet ausgewählt und deshalb mit ihm diesbezüglich kontrahiert; er legt also auf die Person des Verfassers besonderen Wert, nur von ihm selbst kann daher das geschuldete Opus angefertigt werden, die Leistung des Verfassers ist also, sofern nicht etwas anderes vereinbart oder aus den Umständen ersichtlich ist, höchstpersönlich. Dies schließt natürlich nicht aus, daß sich der Verfasser zu kleineren Nebenarbeiten, die auf den Charakter und die Richtung des Werkes ohne Einfluß sind, der Mitarbeit anderer Personen bedient.

Das Erfordernis der Ausarbeitung erledigt sich von selbst beim Verlagsvertrag über ein fertiges Werk. Immerhin ist der Verfasser aber noch nicht deshalb, weil das Werk beim Vertragsabschluß bereits vollendet war, von jeglicher weiteren Verpflichtung befreit. Nicht die körperliche Festlegung, etwa das Manuskript oder der Bauplan, den der Verleger in seinem Arbeitszimmer liegen hat, sondern das Geisteswerk überhaupt ist Gegenstand des Vertrages. Dieses hat der Verfasser dem Verleger zu überlassen, damit er seiner Verpflichtung nachkommen kann; daher kann das Werk seiner äußeren, körperlichen Beschaffenheit nach nicht in jedem Zustand, wie es der Verfasser bei sich hat, übergeben werden.

Vielmehr ist der Verfasser — und dies gilt für alle Verlagsverträge — verpflichtet, dem Verleger das Werk in einem für die Vervielfältigung geeigneten Zustand abzuliefern (so § 10 VG.). Der Verleger kann also eine solche Festlegung verlangen, nach welcher in üblicher Weise die Vervielfältigung ohne zu große Mühe geschehen kann. Inwieweit das Werk dieser Anforderung genügt, ist im einzelnen Fall unter Berücksichtigung der Verkehrssitte zu ermitteln. Während an sich auch eine Festlegung durch einen Phonographen oder ein Stenogramm in Frage kommen könnte, kann in der Regel, wenigstens solange nicht in der betreffenden Druckerei die Drucksetzer nach Phonogrammen oder Stenogrammen zu arbeiten gewohnt sind, eine solche Gestalt nicht als druckfertig angesehen werden. Anderseits muß die buchhändlerische Verkehrssitte auch zugunsten des Verfassers bei Beurteilung des Manuskripts maßgebend sein. Insbesondere kann in der Regel nicht ohne weiteres eine Schreibmaschinenwiedergabe verlangt werden, vielmehr genügt eine Handschrift des Verfassers[63]). Ferner braucht der Verfasser nicht auf besonders ungeschickte Setzer Rücksicht nehmen; es genügt ein solcher Zustand, der die Vervielfältigung bei normalen Kenntnissen des zur Vervielfältigung aufgestellten Personals ohne zu große Schwierigkeit möglich macht; der Verfasser braucht

[63]) Neuerdings machen allerdings viele Fachzeitschriften, z. B. medizinische, eine Schreibmaschinenwiedergabe zur Bedingung. Dann ist dies aber besondere Abmachung.

auch nicht jede Erschwerung für das Druckpersonal zu meiden, z. B. indem das Manuskript auch auf der Rückseite beschrieben ist[64]). Es schadet auch nichts, wenn etwa nur einzelne Worte unleserlich sind, was, wie Mittelstädt-Hillig a. a. O. richtig hervorhebt, bei jeder individuellen Handschrift vorkommt, da hier die Verfasserkorrektur abhelfen kann.

Im Gegensatz zu diesen die äußere Beschaffenheit des Geisteswerks, das körperliche Substrat desselben betreffenden Anforderungen, die auf Grund des Verlagsvertrags vom Verleger gestellt werden können, haben wir die zu unterscheiden, die sich auf die inneren Eigenschaften, die Güte und Bedeutung des Geisteswerks beziehen. Hier haben wir als obersten Grundsatz den Satz aufzustellen: Dem Verleger in seiner Eigenschaft als Vertragspartei steht nicht das Recht zu, an dem geistigen Inhalt des Werkes, an seinem literarischen oder wissenschaftlichen Werte Kritik zu üben. Sowohl bei einem Verlagsvertrag über ein bereits fertiges Werk, als auch ein erst herzustellendes, kommt „die Güte oder Schlechtigkeit einer Schöpfung für die geschäftlichen Beziehungen nicht in Betracht"; „die literarische Kritik kann nicht die juristischen Folgen des Verlagsgeschäftes berühren"[65]). Wie Kohler a. a. O. sehr richtig ausführt, ist hiervon der Fall zu trennen, daß das Werk den Voraussetzungen nicht entspräche, die man nicht an die Güte des Werkes, sondern an die Verkehrsmöglichkeit, die Ausgabefähigkeit überhaupt stellt. So, wenn der Verleger das Charakterbild eines Fürsten zum Thema des Werkes bestellt hat, und nun etwa ein in anarchistischen Farben entworfenes Zerrbild voll von Majestätsbeleidigungen zur Propaganda für den Sozialismus der Tat geliefert wurde: Hier wäre die Verbreitung strafbar, sie ist gesetzlich verboten, daher ist überhaupt kein für einen Verlagsvertrag geeignetes Objekt gegeben. Und dies gilt ganz allgemein für alle Fälle, in welchen das gelieferte Werk einen gesetzwidrigen Inhalt hat. Nach §§ 134 und 138 BGB. ist ein Rechtsgeschäft, das gegen ein gesetzliches Verbot oder gegen die guten Sitten

---

[64]) Vgl. Müller, Kommentar S. 339, Allfeld S. 451; Mittelstädt-Hillig S. 51; Kohler 1906, S. 289—99.

[65]) Vgl. Kohler 1906, S. 308.

verstößt, nichtig. Hierbei ist es keineswegs erforderlich, daß der Inhalt des Rechtsgeschäfts selbst gesetzwidrig ist, sondern es genügt, daß das Motiv zur Vornahme oder der durch dasselbe beabsichtigte Erfolg hiergegen verstößt. Der Verlagsvertrag über ein künftiges Werk mag daher gültig geschlossen sein. Erweist sich aber das von dem Verfasser gelieferte Werk als gesetzwidrig — z. B. wenn die Schrift oder die Darstellungen nach der herrschenden Meinung unzüchtig sind —, so tritt der eigentümliche Zustand ein, daß der Vertrag, der die Vervielfältigung und Verbreitung des von diesem Autor geschaffenen Werkes zum Gegenstand hat, nunmehr einen gesetzwidrigen Inhalt erhält und mit rückwirkender Kraft nichtig wird. Zu beachten ist, daß nicht etwa bloß eine vertragswidrige Leistung mit den daraus entspringenden Wirkungen vorliegt: dies kann der Fall sein, wenn der Verfasser ein den Verabredungen widersprechendes und dabei gesetzwidriges Werk geliefert hat; dann ist er zur Leistung des vertragsmäßigen verpflichtet. In den hier gedachten Fällen aber handelt es sich um ein unter allgemeinen Angaben bestelltes Werk, das nur in der individuellen Gestaltung seitens dieses Verfassers den gesetzwidrigen Inhalt hat. Hier ist demnach das bestellte Werk geliefert, der Vertrag konzentriert sich auf dieses konkrete Werk, und seine Gültigkeit ist durch die Gesetzmäßigkeit des Werkes bedingt. — Weiterhin ist der Verleger berechtigt, das Werk zurückzuweisen, wenn eine Kritik eines Vortrages oder sonst eines Werkes geliefert werden soll und die Arbeit nur in einer beinahe wörtlichen Wiedergabe desselben besteht oder eine Übersetzung, etwa aus dem Französischen ins Hochdeutsche in einem Sprachengemisch von Deutsch und Französisch, ähnlich dem elsässischen Dialekt, geliefert wird, so daß sie überhaupt nicht als Übersetzung ins Deutsche gelten kann.

Etwas anderes liegt dann vor, wenn über den Inhalt und gewisse Eigenschaften des fraglichen Werkes besondere Vereinbarungen getroffen sind, sei es nun, daß bei einem bereits fertigen Werk der Verfasser dem Verleger, der das Werk im Vertrauen auf den Ruf des Verfassers oder weil ihm vielleicht die zum Verständnis erforderliche Sachkenntnis fehlt, nicht erst gelesen, über das Werk nähere Angaben gemacht und dabei bestimmte Eigenschaften zugesichert hat, z. B., daß eine politisch-nationalökonomische Abhandlung in konservativem schutzzöllnerischen Sinne abgefaßt sei, sei es, daß es sich um ein erst anzufertigendes Werk handelt, in welchem Fall ja immer nähere Angaben über den Gegenstand der Abhandlung zu machen sind, widrigenfalls der Vertrag wegen Unbestimmtheit des Gegenstandes nichtig wäre. Hier muß der Verfasser selbstverständlich ein den Vereinbarungen entsprechendes Werk liefern. Aber auch hier muß unbedingt unser obiger Grundsatz gelten. Die Frage, ob das Werk den gestellten Bedingungen entspricht, ob z. B. das vom Verleger bestellte Schulbuch wirklich für die in Betracht kommende Schulklasse geeignet ist, oder z. B. das Werk vollständig, der zu behandelnde Stoff erschöpfend behandelt ist, darf nicht in das diskretionäre Ermessen des Verlegers gestellt werden. Es geht nicht an, den Gelehrten gerade hierin Fesseln aufzuerlegen; das hieße die Wissenschaft zum Handlanger des Kapitalismus herabzudrücken. Vielmehr muß die subjektive Ansicht des Verfassers, wie er den Umfang der Arbeit und die Art der Vorstellung am geeignetsten hält, maßgebend sein, zumal er als Fachmann doch gewöhnlich am ehesten berufen ist, die Bedürfnisse und Anforderungen des Interessentenkreises zu kennen und ihnen gerecht zu werden. Nur solche Eigenschaften, die nach feststehenden Grundsätzen zu beurteilen, nach objektiv wissenschaftlichen Merkmalen feststellbar sind, kann sich der Verleger zusichern lassen[66]). Ob dies im einzelnen vorliegt, ist von Fall zu Fall zu entscheiden. Wenn jemand z. B. mit der Abfassung über die moderne Musikgeschichte betraut wird, und ließe Beethoven oder Wagner unerwähnt, so ist ohne Zweifel das Werk als unvollständig zu bezeichnen, da beide Künstler, der eine für die Kammermusik und die Symphonie, der andere für die Oper, nicht nur das Bedeutendste geschaffen haben, was überhaupt die uns bekannte Musikliteratur aufzuweisen hat, sondern beide, was nach objektiv wissenschaftlichen Merkmalen nachweisbar ist, für die ganze Entwickelung der modernen Musikkunst bestimmenden und grundlegenden Einfluß ausgeübt haben; ohne Beethoven vielleicht kein Wagner, ohne Wagner kein Richard Strauß, kein Bruckner!

---

[66]) Vgl. Kohler 1906, S. 308.

Weiter muß die Zusicherung selbstverständlich dann von Bedeutung sein, wenn sie äußere, rein tatsächliche, die Absatzfähigkeit des Werkes beeinflussende Vorgänge betrifft; so wenn z. B. ein Werk über die wirtschaftliche Lage und Bodenverhältnisse etwa in einem bisher noch wenig erschlossenen Gebiet im Innern von Südamerika handelt und nun behauptet wird, daß die Erschließung desselben durch Bau einer Eisenbahn beschlossene Sache sei, oder wenn gesagt wird, daß das Werk die Billigung bestimmter maßgebender Leute gefunden habe[67]).

Ob gewisse, nicht zum Inhalt des Werkes gehörende Teile desselben, wie Titel, Vorrede, Register usw., geliefert werden müssen, dafür läßt sich keine allgemein gültige Regel aufstellen. In der Regel wird allerdings der Verfasser hierüber zu entscheiden haben.

Hat der Verfasser Abbildungen — welche, soweit sie wissenschaftlicher und technischer Art und nicht ihrem Hauptzwecke nach als Kunstwerke zu betrachten sind, auch plastische Darstellungen, ebenso wie die Schriftwerke, Reden oder Vorträge und Werke der Tonkunst gemäß § 1 UG. den Schutz des genannten Gesetzes genießen — sei es als selbständiges Werk oder zur Erläuterung oder Begleitung seines Schriftwerkes, zu liefern, so gilt nichts Besonderes; es besteht kein rechtlicher Unterschied zwischen ihnen und dem Text. Auch wenn die Abbildungen nicht persönlich vom Verfasser angefertigt sind, was bei nur erläuternden Abbildungen regelmäßig nicht der Fall sein braucht, ändert sich die Verpflichtung des Verfassers in keiner Weise. Besondere Verhältnisse entstehen nur, wenn der Verleger selbst zu einem in Verlag gegebenen Werk zur Ausschmückung oder Erläuterung desselben Abbildungen zu liefern hat. An diesen erlangt der Verfasser des Werkes keinerlei Rechte; anderseits dürfen sie allerdings auch nicht ohne seine Zustimmung zugetan werden, wovon später zu sprechen ist. Die Rechte am Schriftwerk und den Abbildungen laufen getrennt nebeneinander her und es besteht gegebenenfalls nur die obligatorische Pflicht des Verlegers, das Werk nicht ohne die Abbildungen

---

[67]) Siehe auch Kohler 1906, S. 308.

zu veröffentlichen. Welche Rechte dagegen dem Verleger an den Abbildungen zustehen, ist eine ganz andere Frage, die von dem Vertrag mit dem Zeichner abhängen. In der Regel wird ein Kaufvertrag oder ein Vertrag nach § 47 VG.[68]) vorliegen und der Verleger sich alle Rechte an den Abbildungen übertragen lassen, die er nun auch anderweitig für eigene Verlagszwecke verwendet, insbesondere Klischees oder Abdrücke davon verkauft oder mit anderen Verlegern austauscht, sogenannter Klischeehandel, der ein bedeutender und oft sehr lohnender Zweig des Verlagsgeschäftes ist[69]).

b) Bedeutung der Ablieferung; Nachlieferung bei Untergang des Werkes; Änderung, Verbesserung des Werkes.

Wie wir gesehen, hat der Verfasser dem Verleger das Werk, d. h. die körperliche Festlegung der geistigen Schöpfung (z. B. die Handschrift), zum Zwecke der Vervielfältigung zu überliefern. An sich soll nun dadurch kein Eigentum an demselben werden, der Verleger erlangt nur den Besitz am Manuskript und ist verpflichtet, nach gemachtem Gebrauch das Werk zurückzugeben. Wie Voigtländer[70]) insbesondere hervorhebt, geschieht diese Rückgabe meistens derart, daß das Werk „abschnittweise den Bogenkorrekturen zur Vergleichung beigefügt und vom Verfasser behalten wird". Nun läßt es sich indes vielfach kaum umgehen, das Werk zur Druckbesorgung in einzelne Teile zu zerschneiden, so daß die Rückgabe ohne besondere Mühen und Sorgfalt nicht möglich ist. Aus dieser Erwägung heraus bestimmt das Verlagsgesetz in § 27, daß der Verleger nur dann verpflichtet ist, das Werk, nachdem es vervielfältigt worden ist, zurückzugeben, wenn der Verfasser sich vor dem Beginne der Vervielfältigung die Rückgabe vorbehalten hat. Erklärt also der Verfasser nicht bis zu diesem Zeitpunkt, daß er das Manuskript zurückhaben wollte, so ist die Übergabe zu Eigentum erfolgt; bis dahin ist das Eigentum in der Schwebe. Jeden-

---

[68]) Vgl. oben

[69]) Vgl. insbesondere Voigtländer S. 169—171.

[70]) S. 230.

falls erlangt der Verleger in keiner Weise mehr Rechte durch das Eigentum an der Niederschrift; auch auf den Autographenwert hat er keinen Anspruch[71]).

Es fragt sich nun, wann der Verfasser seine Verpflichtung zur Ablieferung des Werkes erfüllt hat, m. a. W.: was man begrifflich unter „Ablieferung" zu verstehen hat. Die Frage ist von großer praktischer Bedeutung, da sich an die Ablieferung wichtige Rechtsfolgen knüpfen. Abgesehen von der später zu besprechenden Entstehung des Verlagsrechts geht die Gefahr des zufälligen Untergangs in diesem Zeitpunkt auf den Verleger über, indem nach § 33 VG. der Verfasser, wenn das Werk nach der Ablieferung an den Verleger untergeht, den Anspruch auf die Vergütung behält! Ist die „Ablieferung" einfach als der juristische Akt der Übergabe zu behandeln, so daß der Zeitpunkt der Ablieferung mit der körperlichen Hingabe und Empfangnahme zusammenfällt[72]), oder bedeutet sie Übergabe und Abnahme, d. h. wie beim Werkvertrag Annahme als Erfüllung, so daß der Verleger das Werk gutheißen, die Leistung als vertragsmäßige anerkennen muß[73])? U.E. ist davon auszugehen, daß der Verleger ein den Vereinbarungen in dem oben entwickelten Sinne entsprechendes Werk anzunehmen verpflichtet ist. Nun kommt es aber häufig vor, daß der Verleger das Werk bei Abschluß des Verlagsvertrags noch gar nicht kennt, und sich ihm erst nach der Übergabe Gelegenheit bietet, dasselbe kennen zu lernen und auf seine Vertragsmäßigkeit zu prüfen. Hiernach erscheint es aber nur billig, daß die Gefahr nicht schon mit der Übergabe, sondern erst dann, wenn der Verleger die Leistung ausdrücklich oder stillschweigend als Erfüllung angenommen hat, auf diesen übergeht. Mit einem vertragswidrigen Werk ist dem Verleger sicherlich nicht gedient und dennoch soll er schon von der tatsächlichen Übergabe ab die Gefahr tragen? Und wie, wenn das Werk vor der Prüfung, die es vielleicht als ein völlig ungeeignetes erkannt hätte, untergeht oder der Verleger das Werk wegen Mängel desselben zurücksendet, und dieses unterwegs

---

71) Vgl. Voigtländer a. a. O.

72) So Allfeld S. 513.

73) So ähnlich Voigtländer S. 195.

zerstört wird? Hier dürfte nur die vorliegend vertretene Ansicht zu einem annehmbaren Resultat führen. Wenn der Verleger die Abnahme rechtmäßig verweigert, was natürlich innerhalb einer den Umständen angemessenen Zeit zu erfolgen hat, so trägt der Verfasser die Gefahr des zufälligen Unterganges, gleichgültig, ob das Werk noch beim Verleger oder bereits zurückgesendet beim Verfasser untergeht. Anders dann, wenn der Verleger das Werk als vertragsmäßig anerkannt hat und nun nach der „Ablieferung" das Werk zu irgendwelcher, sei es von ihm angeregter, sei es vom Verfasser allein ausgehender Korrektur, die sich nachträglich wünschenswert erwies, vorübergehend an den Verfasser zurücksendet. Hier hat der Verleger das Werk in dieser ihm übergebenen Wiedergabe zur Vervielfältigung übernommen, durch seinen eigenen Willen konzentriert sich der Vertrag nunmehr nur noch auf das in der gelieferten Festlegung verkörperte Geisteswerk, dieses ist ein Stück seines Verlages geworden, daher ist es nur recht und billig, daß er auch die Gefahr trägt. Dadurch, daß er das Manuskript vorübergehend dem Verfasser zurückgibt, ändert sich ebensowenig, als dann, wenn ihm das Verbesserungsrecht übertragen ist und er nun einem Dritten das Werk zu diesem Zweck hingibt. Die gegenteilige Ansicht, die den Begriff der Ablieferung auf die tatsächliche Übergabe beschränkt, muß in allen diesen Fällen — auch wenn z. B. der Verfasser das Werk von dem Ort, wo er seinen Wohnsitz hat, und der gemäß § 269 BGB. im Zweifel als Erfüllungsort gilt, nach dem Ort der Niederlassung des Verlegers zu senden hat, und nun das Werk nach der Aufgabe zur Post untergeht, obgleich der Verleger das Werk vielleicht nie gesehen hat! — den Verleger die Gefahr tragen lassen. Allfeld a. a. O. will allerdings für den Fall der vorübergehenden Zurücksendung des Werkes unterscheiden, ob der Verfasser selbst dasselbe zum Zwecke von Änderungen zurückverlangt oder der Verleger es von sich aus zurückgibt; in ersterem Fall soll im Gegensatz zum zweiten die Ablieferung rückgängig gemacht werden und das Werk erst wieder abgeliefert sein, wenn der Verfasser es neuerdings dem Verleger übergeben hat. Abgesehen davon, daß auch dieser Versuch für den Fall, daß das Werk nicht die maßgebende Billigung des

Verlegers findet, völlig unbefriedigend ist, erscheint uns diese Konstruktion doch zu willkürlich. Wie ist außerdem dann zu urteilen, wenn Verfasser und Verleger eine Änderung gemeinsam beschließen?[74])

Haben wir so den Begriff der Ablieferung als Übergabe und Abnahme, d. h. Billigung und Anerkennung als vertragsmäßige Leistung, kennen gelernt, so ist jetzt die Frage im einzelnen zu erörtern, welchen Einfluß vor und nach diesem Zeitpunkt der zufällige Untergang des Werkes als des körperlichen Substrats der Geistesschöpfung auf die Verpflichtung des Verlegers, das Werk dem Verleger zur Vervielfältigung und Verbreitung zu überlassen, hat. Der Fall, daß das Werk vor der Ablieferung untergeht, wird vom Gesetz nicht behandelt, da er sich schon nach den allgemeinen Grundsätzen entscheiden läßt. Es ist schon des öfteren betont worden, daß nicht das körperliche Substrat des Geisteswerkes Gegenstand des Verlagsvertrags ist, sondern die geistige Schöpfung selbst. Dies übersieht Klostermann[75]), nach welchem bei zufälligem Untergang des Werkes vor der Ablieferung an den Verleger der ganze Verlagsvertrag aufgehoben wird, „weil die Vorleistung des Autors unmöglich wird". Die Leistung wird aber zunächst nicht unmöglich; indem ja nicht etwa speziell die beim Verlagsvertrag über ein fertiges Werk vorliegende Handschrift, sondern überhaupt nur eine Wiedergabe des Geisteswerks zu liefern ist, kann es auch in einer neuen Festlegung geleistet werden[76]). Genau ebenso liegt der Fall, wenn der Verfasser das Werk erst herzustellen hat und nun nach der Fertigstellung die Handschrift untergeht: hier ist der Verfasser verpflichtet, eine neue Wiedergabe zu liefern, der Untergang vor der Ablieferung befreit ihn nicht[77]).

---

[74]) Müller, Kommentar S. 385, will sogar unterscheiden, ob die Rücksendung überhaupt oder des ganzen Manuskripts an den Verfasser wegen vertragsmäßiger Mängel unbedingt nötig war oder nicht, was indessen undurchführbar sein dürfte.

[75]) Geistiges Eigentum S. 370/71.

[76]) Anders Ungarn HGB. § 531 Z. 1, Bulgarien Art. 448 Z. 1.

[77]) Klostermann a. a. O. gibt dem Verfasser, wenn es sich um ein bestelltes Werk handelt, bei zufälligem Untergang nach seiner vollständigen

Anders gestaltet es sich, wenn das Werk nach der Ablieferung an den Verleger oder, was dem gleichsteht, nachdem der Verleger in Verzug der Annahme gekommen[78]), untergeht. Hier hat der Verfasser seine Verpflichtung zur Leistung des Werkes erfüllt, denn er schuldet nur eine einmalige vorschriftsmäßige Wiedergabe, mit deren Ablieferung er frei wird und daher die Vergütung verdient hat. Jedenfalls ist der Verfasser nicht verpflichtet, das Werk zum zweitenmal zu verfassen. Indem sich vielmehr mit der Ablieferung der Vertrag auf das Werk, wie es in der Festlegung enthalten, konzentriert, ist durch dessen Untergang der Gegenstand des Vertrages entfallen und beide Teile werden im übrigen von ihrer Verpflichtung zur Leistung befreit (§ 33 Abs. 2 VG.). Eine andere Frage ist aber, ob nicht der Verfasser dann, wenn er ohne große Mühe eine andere Wiedergabe zum Ersatze liefern könnte, auf Verlangen des Verlegers hierzu gehalten sein soll. Es wäre doch höchst ungerecht und dem ganzen Verlagsverhältnis widersprechend, wenn der Verleger, ohne das Werk veröffentlichen zu können, das Honorar zahlen sollte, obgleich der Verfasser vielleicht eine zweite Handschrift bei sich liegen hat[79]) oder auf Grund

---

Ausführung den Anspruch auf den bedungenen Preis; indes erschöpft sich die Verpflichtung des Verfassers nicht in der Herstellung, sondern es gehört auch die Ablieferung dazu, letzterer ist er aber noch nicht nachgekommen!

[78]) Vgl. § 33 Abs. 3 VG.

[79]) Die Auffassung daß dieser Fall nicht unter § 33 fiele, weil das Geisteswerk, wie es in der Handschrift verkörpert ist, dann noch nicht untergegangen ist, erscheint irrig: denn die zweite Handschrift beim Verfasser ist an sich (ohne die Bestimmung des Abs. 2), dem Verleger nicht zugänglich. Der Verfasser ist grundsätzlich nur zur Lieferung einer Handschrift verpflichtet! Für den Verleger ist also das Geisteswerk untergegangen. Anderseits kommt der Untergang der Handschrift als Sache allerdings nicht in Betracht: hat daher z. B. der Verleger ein so gutes Gedächtnis, daß er das untergegangene Geisteswerk, vielleicht ein Gedicht, aus dem Kopfe niederschreiben kann, so ist das Werk nicht untergegangen, der Verlagsvertrag nicht erloschen A. M. Allfeld S. 512, Bem. 4, Stenglein S. 183 Nr. 7; Ungarn HGB. § 529, welches daher aber auch ausdrücklich den Verleger zum Ersatz der eventuellen Selbstkosten (des zweiten Exemplars) verpflichtet.

seiner Aufzeichnungen, seiner Materialsammlungen oder sogar des Konzeptes mit Leichtigkeit eine zweite druckfertige Festlegung herstellen könnte. Hier handelt es sich gar nicht um Neuschaffung eines Werkes, sondern nur Rekonstruierung des alten, dessen Veröffentlichung Zweck des Vertrages und mindestens ebenso in dem Interesse des Verfassers liegt. Daher bestimmt § 33 Abs. 2 VG., daß der Verfasser auf Verlangen des Verlegers gegen eine angemessene Vergütung ein anderes, im wesentlichen übereinstimmendes Werk zu liefern hat, „sofern dies auf Grund vorhandener Vorarbeiten oder sonstiger Unterlagen mit geringer Mühe geschehen kann“[80]).

Während an sich also der Verlagsvertrag durch den Untergang des Werkes nach der Ablieferung erlischt und nur der Anspruch des Verfassers auf die Vergütung bestehen bleibt, kann der Verleger durch die einseitige (empfangsbedürftige) Erklärung das Wiederaufleben der infolge des Unterganges erloschenen Verpflichtungen herbeiführen; der Vertrag entsteht wieder in demselben Umfang wie bei Abschluß des ersten.

Kann aber der Verleger unter der genannten Voraussetzung das Vertragsverhältnis wieder aufleben lassen, so muß ebenso dem Verfasser das Recht zugesprochen werden, dem Verleger eine neue Handschrift mit der Wirkung zu liefern, daß dieser in der vorherigen Art und Weise wieder verpflichtet wird, sofern nur die Ablieferung in einer angemessenen Frist und ohne Berechnung erfolgt. Daher bestimmt § 33 Abs. 2 S. 1 Halbs. 2: „Erbietet sich der Verfasser, ein solches Werk — d. h. ein im wesentlichen übereinstimmendes, so daß kleinere, nicht nur stilistische, sondern auch inhaltliche Änderungen keinen Einfluß haben — innerhalb einer angemessenen Frist kostenfrei zu liefern, so ist der Verleger verpflichtet, das Werk an Stelle des untergegangenen zu vervielfältigen und zu verbreiten.“

Diese Möglichkeit, das Vertragsverhältnis wieder wachzurufen, besteht nicht nur dann, wenn das Werk durch Zufall untergegangen ist, sondern jeder Teil kann nach § 33 Abs. 2 S. 2 die dar-

---

[80]) Ebenso Schweiz. Obl.-R. Art. 387 Abs. 2, Bulgarien Art. 146.

getanenen Rechte auch dann geltend machen, wenn das Werk nach der Ablieferung infolge eines Umstandes untergegangen ist, den der andere Teil zu vertreten hat. Das Recht, die Fortsetzung des Vertragsverhältnisses unter den oben dargelegten Voraussetzungen zu verlangen, ist hier natürlich derjenigen Partei versagt, die den Umstand, infolge dessen das Werk untergegangen ist, zu vertreten hat[81]). Anderseits bedeutet aber die Geltendmachung dieses Rechtes die Wiederauferstehung des alten Vertrages, der früheren Verpflichtungen, daher entfallen damit auch die auf das Verschulden des anderen Teils begründeten Schadensersatzansprüche (nach § 325 BGB.)[82]).

Indem nach der Ablieferung des Werkes oder, wenn der Verlagsvertrag über ein bereits fertiges Werk abgeschlossen ist, schon nach Abschluß des Vertrages der Verleger ein festes Recht auf Vervielfältigung und Verbreitung des Geisteswerks in dieser vorliegenden Gestalt erwirbt, entsteht die Frage, ob und inwieweit der Verfasser darnach noch Änderungen seines Werkes vornehmen darf, oder ob sich diese nicht etwa als Beeinträchtigung der Verlegerrechte darstellen würden. Führen an sich die allgemeinen Grundsätze zu dem letzteren Resultat, so muß hier auf die besonderen Verhältnisse, die sich aus dem Verlagsvertrag ergeben, hingewiesen werden. Wenn auch zunächst nach außen hin der Verleger das Werk in die Welt hinausschickt und jedenfalls damit in gewissem Sinne die Verantwortung desselben trägt, so ist es doch ein fremdes Geisteswerk, das er verbreiten soll; ein anderer, der Verfasser steht hinter ihm, ihm verdankt das Volk das Geisteswerk, auf ihn richten sich alle Augen, von ihm verlangt es aber auch zunächst Rechenschaft! Es liegt eben in dem eigentümlichen

---

81) Daher kann der Verfasser bei Untergang des Werkes nach der Ablieferung infolge eines von ihm selbst zu vertretenden Umstandes nicht die Aufrechterhaltung des Vertrages dadurch verlangen, daß er sich zur kostenfreien Lieferung des Werkes erbietet, und der Verleger bei Untergang des Werkes infolge eines von ihm zu vertretenden Umstandes nicht die Nachlieferung einer anderen Niederschrift nach § 33 Abs. 2 S. 1 beanspruchen.

82) A. M. Müller, Komm. S. 387 Bem. 4.

Charakter der geistigen Arbeit, daß sie einerseits nicht für einen einzelnen, sondern für die Volksgesamtheit Bedeutung hat und sie daher ihrer Natur nach zur Veröffentlichung drängt, anderseits fast nie für alle Zeiten vollendet und keiner Verbesserung mehr bedürftig erscheint, vielmehr, selbst von dem genialsten Schöpfer erdacht, auch nur auf dem Wissen der Zeit beruht und von dem ewigen Fluß der Erkenntnis überholt werden kann, aus dem sie nur dann sich zu retten vermag, wenn sie auf der neuen Grundlage noch aufgebaut werden kann. Mag es sich nun darum handeln, neuen Ergebnissen wissenschaftlicher Forschungen oder einer veränderten Grundanschauung des Volkes Rechnung zu tragen, oder Irrtümer, die sich später erweisen, zu verbessern, so muß dem Verfasser, solange es irgend möglich ist, das Recht zustehen, die ihm notwendig erscheinenden Abänderungen vorzunehmen. In Übereinstimmung mit der buchhändlerischen Verkehrssitte bestimmt daher VG. § 12: „Bis zur Beendigung der Vervielfältigung darf der Verfasser Änderungen an dem Werke vornehmen.“ Während die VO. § 11 S. 2 dies nur „bei Vornahme der Korrektur“ gestattet, gibt unser Verlagsgesetz[83]) dem Verfasser ein zunächst unbeschränktes Änderungsrecht bis zur Beendigung der Vervielfältigung, d. h. bis alle für die Auflage erforderlichen Druckbogen von dem endgültig festgesetzten Satze abgezogen sind. Seine Grenze findet dieses Änderungsrecht des Verfassers in dem etwa entgegenstehenden Interesse des Verlegers; daher bestimmt VG. § 12 Abs. 3, daß Änderungen nur insoweit zulässig sind, „als nicht durch sie ein berechtigtes Interesse des Verlegers verletzt wird“. Das Vorliegen einer solchen Beeinträchtigung muß vom Verleger einredeweise geltend gemacht und von ihm bewiesen werden[84]).

[83]) Ebenso Schweiz. Obl.-R. Art. 379 Abs. 1.

[84]) Aus dem Gesetz folgt dies allerdings nicht; ebensowenig aber das Gegenteil, wonach die Nichtbeeinträchtigung des Verlegers vom Verfasser zu beweisende Bedingung der Zulässigkeit der Änderung sei, wie Allfeld S. 460 annimmt, da unser Gesetz durchaus nicht immer die allgemein sonst übliche Ausdrucksweise streng einhält. Es ist ein aus dem Persönlichkeitsrecht des Verfassers entspringendes und ihm grundsätzlich nicht zu beschränkendes Recht, Änderungen an dem Werk vorzunehmen. Da Verbesserungen des Werkes auch regelmäßig im gewerblichen Interesse des

Wann eine Änderung des Verfassers berechtigte Interessen des Verlegers verletzt, läßt sich naturgemäß nur im einzelnen Fall entscheiden. In erster Linie kommt jede Beeinträchtigung der Absatzverhältnisse in Betracht, so, wenn das Erscheinen des Werkes dadurch ungebührlich verzögert oder das Absatzgebiet verschoben würde, indem etwa das Werk einen ganz anderen Charakter erhält, z. B. ein Geschichtsbuch in einen Roman, vielleicht wie die Ahnen von Freytag, umgewandelt wird, aber auch schon, wenn die Herstellung für die Verlagsanstalt erheblich erschwert wurde, z. B. Zitate in russischer Sprache und daher russische Lettern eingefügt werden sollen, oder der Umfang des Werkes gegenüber dem ursprünglichen Manuskript erheblich vergrößert würde; weiter muß aber der Verleger auch solche Änderungen zurückweisen dürfen, die seine Stellung gegenüber dem Publikum als solchem oder gar vor dem Gesetz verschlechtern. Mit Recht bestimmt daher schon das Schweizerische Recht[85]), daß die Einsprache des Verlegers gegen solche Änderungen vorbehalten bleibt, „welche seine Verlagsinteressen oder seine Ehre verletzen, oder seine Verantwortlichkeit steigern". Der Verleger braucht sich nicht gefallen lassen, daß das Werk etwa zu einer sozialistischen Propagandaschrift umgewandelt oder in das Geschichtswerk über ein regierendes Haus beleidigende Ausführungen eingeflochten werden!

Diese Grundsätze über das Änderungsrecht gelten in gleichem Maße auch für alle ferneren Auflagen; nur müssen hier naturgemäß dem Verfasser Änderungen in noch weiterem Umfange zugestanden werden, was jeweils nach den Umständen des einzelnen Falles zu beurteilen ist.

Insoweit nicht das Änderungsrecht des Verfassers in der dargetanen Weise an den Interessen des Verlegers seine Schranke

---

Verlegers find, liegt u. E. auch kein Grund vor, dem Verfasser jedesmal den Nachweis, daß berechtigte Interessen des Verlegers nicht verletzt werden, aufzubürden, zumal dieser Beweis für den mit der Technik des Verlagsgeschäftes meist garnicht vertrauten Verfasser höchst schwierig wäre und das gesetzlich anerkannte Änderungsrecht im Streitfalle oftmals illusorisch macht. Sache des Verlegers ist es daher, Verletzung eines berechtigten Interesses geltend zumachen und zu beweisen.

85) Obl.-R. Art. 379 Abs. 4.

findet, ist es unbeschränkt, und zwar in positiver, wie in negativer Beziehung. Hat er allein über die Notwendigkeit und die Art der Abänderung zu entscheiden, so besteht auch in keinem Fall für ihn eine Pflicht zur Vornahme von Änderungen. Wie schon oben entwickelt, steht dem Verleger kein Recht zu, an dem Inhalt und dem Werk der geistigen Schöpfung Kritik zu üben, und damit auch kein Anspruch auf Änderung. Dies gilt sowohl für die erste als auch jede neue Auflage. Auch wenn zwecks Veranstaltung einer neuen Auflage infolge veränderter Umstände, z. B. einem wissenschaftlichen Kommentar wegen Abänderung des betreffenden Gesetzes, die Umarbeitung des Werkes unbedingte Voraussetzung der Absatzmöglichkeit ist, kann der Verleger dennoch den Verfasser nicht zur Vornahme von Änderungen oder zur Gestattung der Vornahme durch Dritte zwingen. An sich ist das Änderungsrecht des Verfassers kein höchst persönliches Recht, vielmehr darf der Verfasser nach § 12 Abs. 2 die Änderungen durch einen Dritten vornehmen lassen[86]); dasselbe geht daher auch auf die Erben über, in deren Ermessen desgleichen eine etwaige Änderung liegt. Da nun auch Dritte die Verbesserungen besorgen können, gibt z. B. Klostermann[87] dem Verleger das Recht, bei Weigerung des Autors notwendig gewordene Abänderungen „anderswo bewirken zu lassen, so jedoch, daß in der neuen Ausgabe die fremden Zusätze von dem ursprünglichen Text unterschieden werden müssen". Die Verlagsordnung der Buchhändler ging zwar weniger weit, erklärte es aber in § 12 als Pflicht des Verfassers, bei neuen Auflagen des Werkes die erforderlichen Berichtigungen und Verbesserungen vorzunehmen, die er aber ohne Zustimmung des Verlegers nicht von einem Dritten besorgen lassen darf. Alle diese Versuche müssen aber an dem Satze scheitern, daß nur dem Verfasser die Einwirkung auf sein Geisteswerk gestattet ist, daß nur der Schöpfer die Ausgestaltung seiner Geistesschöpfung zu bestimmen hat, daher auch kein Zwang auf ihn ausgeübt werden darf. Höchstens könnte der Fall in Erwägung kommen, daß das Recht nicht den vertraglichen Ab-

[86]) Anders das Schweiz. Obl.-R. Art. 379 Abs. 3.

[87]) a. a. O. S. 353.

machungen entspricht. Kohler[88]) will bei Mangelhaftigkeit des Werkes (in dem oben entwickelten Sinne) die Grundsätze des Werkvertrags herangezogen wissen und fordert eine Verbesserungspflicht, „sofern die Verbesserungstätigkeit vorliegt und die Umarbeitung dem Verfasser nach den Umständen zugemutet werden kann". Aber die Anerkennung einer solchen Pflicht und eines dieser entsprechenden Anspruchs des Verlegers auf die Bewirkung der Änderung seitens des Verfassers führt uns keinen Schritt weiter. Auch hier kann die Änderung nur vom Verfasser geschehen; wie will man ihn aber dazu zwingen? Etwa im Wege der Zwangsvollstreckung durch Geldstrafe nach § 888 ZPO.? Das widerspräche sicher der Natur der geistigen Arbeit! Indem ein solcher Anspruch also gar nicht erzwingbar wäre, kommen wir auch hier zu dem Resultat, daß, auch wenn das Werk dem Vertrage nicht entspricht, der Verleger eine Änderung nicht verlangen, der Verfasser zu einer solchen nicht verpflichtet ist.

Mit dem Umfang des dem Verfasser zustehenden Änderungsrechts ist die Frage nicht zu verwechseln, wer die aus der Änderung entstehenden Kosten zu tragen hat, ob der Verfasser dem Verleger zu deren Ersatze verpflichtet ist. Das Gesetz bestimmt darüber in § 21 Abs. 3: „Nimmt der Verfasser nach dem Beginne der Vervielfältigung Änderungen vor, welche das übliche Maß übersteigen, so ist er verpflichtet, die hieraus entstehenden Kosten zu ersetzen; die Ersatzpflicht liegt ihm nicht ob, wenn Umstände, die inzwischen eingetreten sind, die Änderung rechtfertigen." Grundsätzlich hat also der Verleger die Kosten der Änderung zu tragen. Da der Verleger die Vervielfältigung auf seine Rechnung zu besorgen hat, ist dies natürlich, soweit die Änderung nur in Verbesserung orthographischer Fehler und ähnlichem bestehen, die sich stets bei der an sich vom Verleger zu besorgenden Korrektur der Druckbogen ergeben, wobei der Verfasser nur helfend tätig wird. Weiter ist es aber nur billig, wie auch die Verlagsordnung der Buchhändler in § 11 Abs. 2 anerkennt, daß der Verleger stets und ohne Rücksicht auf den Umfang der Änderungen die

---

[88]) 1906 S. 309.

Kosten zu tragen hat, wenn die Änderungen durch inzwischen eingetretene Umstände gerechtfertigt werden, so wenn bei juristischen Werken ein Gesetz durch eine Novelle abgeändert wird; hier muß die Verbesserung gefördert werden, abgesehen davon, daß sie im beiderseitigen Interesse liegt. Aus dem gleichen Grunde soll der Verleger aber auch andere, nicht durch nachträglich sich ergebende besondere Verhältnisse erforderliche Änderungen gleich in seinen Kostenanschlag mit aufnehmen; gar oft nimmt sich insbesondere, wie Kohler[89]) mit Recht betont, ein Werk im Druck ganz anders aus als in der Handschrift, und so ist es ganz unvermeidlich, „den Druck in manchen Punkten anders zu gestalten als die Handschrift des literarischen Werkes, und ihn dadurch der verschiedenen Erscheinungsform anzupassen". Insofern aber diese letzteren Verbesserungen das „übliche Maß" übersteigen, ist der Verfasser verpflichtet, die hieraus entstehenden Kosten zu tragen. Wann nun allerdings diese Grenze überschritten wird, läßt sich nur im einzelnen Fall beurteilen. Maßgebend werden nicht nur die Erheblichkeit der Abänderungen,' sondern insbesondere auch die Gründe und die die Verbesserung herbeiführenden äußeren Umstände sein. Jedenfalls darf der Verfasser nicht etwa leichtsinnig ein von vornherein verbesserungsbedürftiges Werk abliefern und nun die Korrektur der Druckbogen etwa erst zur Ausfeilung und endgültigen Vollendung des Werkes benutzen. Im übrigen aber soll auch der Verleger dem Verfasser keine ungebührlichen Schwierigkeiten bereiten; es ist dem völlig beizutreten, was Kohler[90]) hierüber sagt: „Diese Änderungen gehen auf Kosten des Verfassers, soweit nicht der Verleger das höhere Geistesinteresse des Schriftstellers dadurch unterstützen will, daß er sie ganz oder teilweise übernimmt, was eine Sache des verlegerischen Entgegenkommens ist, welches im weitesten Maße zu gewähren, dem vornehm denkenden Verleger (als dem Geldmanne des Schriftstellers und Gelehrten) entspricht."

---

89) 1906 S. 317.
90) 1906 S. 318.

c) Zeit der Ablieferung.

Was nun die Zeit der Ablieferung betrifft, so ist selbstverständlich in erster Linie der Vertrag maßgebend; im übrigen ist zu unterscheiden, ob der Verlagsvertrag über ein bereits vollendetes Werk abgeschlossen wird, oder ob das Werk erst nach dem Abschluß des Vertrages hergestellt werden soll. Für den ersteren Fall gilt nichts Besonderes[91]). Entsprechend dem für Schuldverhältnisse im allgemeinen geltenden Grundsatz des § 271 BGB., daß, wenn eine Zeit für die Lieferung weder bestimmt noch aus den Umständen zu entnehmen ist, der Gläubiger die Leistung sofort verlangen, der Schuldner sie sofort bewirken kann, hat der Verfasser das Werk sofort abzuliefern (§ 11 Abs. 1 VG.). Natürlich darf diese Vorschrift nicht etwa wörtlich ausgelegt und zu einer Schikane des Verfassers verwendet werden. Sind dem Verfasser nach der Ablieferung noch Änderungen gestattet, so muß ihm dieses Recht ebenso vor der Ablieferung zugesprochen werden, sofern die Änderungen sich nur in den zulässigen Grenzen halten. Auch sonst wird ein Verfasser, der sein Werk völlig vollendet hat, einer kurzen Zeit zur Vorbereitung der Leistung bedürfen. Er schuldet ja eine druckfertige Handschrift, und die wird er oft erst nach Abschluß des Vertrages besorgen. Daher kann es sich auch hier sehr wohl „aus den Umständen unter Berücksichtigung der Verkehrssitte ergeben, daß dem Verfasser nach Treu und Glauben ein modicum tempus zu gewähren ist[92])".

In dem zweiten Fall, daß das Werk erst nach dem Abschluß des Verlagsvertrags hergestellt werden soll, muß dem Verfasser zunächst eine angemessene Frist zur Abfassung des Werkes gelassen werden. Haben die Parteien eine Frist nicht vereinbart, so ist zunächst für die Zeit der Ablieferung der Zweck, welchem das

---

[91]) Anders das preuß. LR., welches in Teil I Abschn. 11 § 1002 allgemein die eigentümliche Bestimmung enthielt, daß die Handschrift dergestalt geliefert werden sollte, daß der Verleger die Schrift noch auf die nächste Leipziger Messe bringen könne; vgl. jedoch auch §§ 1003, 1004 daselbst, wonach dem Verfasser gegebenenfalls die Bestimmung der Frist zusteht.

[92]) Vgl. Planck, Kommentar z. BGB. S. 43 Bem. I zu § 271.

Werk dienen soll, maßgebend. Läßt sich aus dem Zweck der Zeitpunkt, in welchem das Werk veröffentlicht werden soll, erkennen, z. B. bei einer Jubiläumsschrift, einer Schrift zu Wahlzwecken usw., so liegt der Fall ebenso wie bei vertraglicher Abmachung einer Frist, wenn man darin nicht überhaupt eine stillschweigende Vereinbarung einer Frist erblicken will; daher ist der Verfasser verpflichtet, unter allen Umständen das Werk zu dem betreffenden Termin zu liefern, während er anderseits das Werk auch dann nicht früher vollenden braucht, wenn er an sich dazu imstande wäre. Soweit sich aus dem Zweck nichts ergibt, richtet sich die Frist nach dem Zeitraum, innerhalb dessen der Verfasser das Werk bei einer seinen Verhältnissen entsprechenden Arbeitsleistung herstellen kann. Es ist selbstverständlich, daß die persönlichen Verhältnisse des Verfassers in weitestem Maße Berücksichtigung finden müssen; hierbei kommen nicht nur äußere Umstände, wie berufliche Pflichten, Krankheit des Verfassers, sondern bei der Eigentümlichkeit der geistigen Schöpfertätigkeit innere, seelische Einflüsse in Betracht, die dem Verfasser die erforderliche Ruhe und seine Schöpferkraft rauben. Natürlich darf dies nicht dahin ausarten, daß der Verfasser eine mangelnde Disposition für die betreffende Arbeit vorschützt und doch gleichzeitig viele andere Werke bearbeitet. Hiergegen richtet sich mit Recht die Bestimmung in § 11 Abs. 2 letzter Satz, wonach eine anderweitige Tätigkeit des Verfassers bei der Bemessung der Frist außer Betracht bleibt, wenn der Verleger die Tätigkeit bei dem Abschlusse des Vertrages weder kannte noch kennen mußte. Während an sich der Verleger die Pflicht hat, sich nach den persönlichen Verhältnissen und Eigenarten des Verfassers zu erkundigen und nicht nur berufliche Abhaltungen, sondern auch anderweitige, vielleicht auf einem ganz anderen Gebiet liegende Tätigkeit des Verfassers zu berücksichtigen[93]), braucht er sich nicht

[93]) Der Verleger, der zu beweisen hat, daß ihm ohne sein Verschulden von einer anderweitigen Tätigkeit des Verfassers nichts bekannt war, kann sich also nicht darauf berufen, daß ihm der Verfasser davon nichts gesagt hat; seine Pflicht ist, sich danach zu erkundigen, da gar oft der Verfasser das als bekannt voraussetzt; erst wenn auf seine Nachfrage hin der Verfasser schweigt, ist der Verleger gereinigt.

etwa gefallen lassen, daß der Verfasser durch launenhafte Liebhabereien seine Arbeit vernachlässigt.

Das gemeinsame Interesse an der Herstellung einer sorgfältigen und wertvollen Arbeit sollte aber Verleger und Verfasser stets zur Nachgiebigkeit und privaten Einigung führen und gerichtliche Händel, wenn irgend möglich, vermeiden lassen.

d) Folgen der Nicht- oder nichtgehörigen Lieferung.

Die Frage, welche Rechtsfolgen die Nichterfüllung der Vertragspflicht zur Lieferung des Werkes hat, entscheidet sich zunächst nach den allgemeinen Bestimmungen des BGB. Ist die Leistung objektiv unmöglich geworden, d. h. kann das Werk vom Verfasser nicht mehr geliefert werden, was ja auch dann gilt, wenn der Verfasser aus in seiner Person liegenden Gründen außerstande ist, das Werk herzustellen, so finden die §§ 323 bis 325 BGB. Anwendung. Beruht die Unmöglichkeit der Leistung auf einem Zufall, so verlieren beide Teile ihren Anspruch und der Vertrag erlischt. Wird dagegen die dem Verfasser obliegende Leistung infolge eines Umstandes, den er zu vertreten hat, unmöglich, so kann der Verleger Schadenersatz wegen Nichterfüllung verlangen oder vom Vertrage zurücktreten. Etwas Besonderes gilt jedoch bei einem Verlagsvertrag über ein künftiges Werk dann, wenn die Vollendung des Werkes durch den Tod des Verfassers oder infolge eines sonstigen, nicht von ihm zu vertretenden Umstandes unmöglich wird, während ein Teil des Werkes dem Verleger bereits abgeliefert worden war. Im Zweifel müßte nach den allgemeinen Grundsätzen auch hier der Verlagsvertrag erlöschen, da eine nicht zu vertretende Unmöglichkeit vorliegt und jedenfalls nur das vollständige Werk Gegenstand des Vertrages war, indem die Veröffentlichung eines Stückwerks regelmäßig weder den Interessen des Verfassers noch denen des Verlegers dient. Abgesehen von dem Fall, daß das Werk in mehreren, in sich abgeschlossenen Teilen erscheinen soll, muß aber schon dem Umstand, daß überhaupt ein Teil des Werkes vom Verfasser abgeliefert worden ist, eine gewisse Bedeutung beigemessen werden. Es liegt in der Natur der Sache, daß der Verfasser erst dann sein Werk oder Teile desselben aus den Händen gibt, wenn er es in den konkreten Niederschriften veröffentlicht wissen will; hat er nur einen Teil desselben abgeliefert, so geht wenigstens daraus hervor, daß er ihn für druckfertig hielt. Ob allerdings dieser Teil selbständig im Voraus erscheinen sollte, läßt sich nur im einzelnen Fall ermitteln. Stirbt nun der Verfasser vor Vollendung des Werkes, so kann man jedenfalls nicht ohne weiteres vom Verleger die Veröffentlichung des fertiggestellten Teiles verlangen, da die Teilleistung zunächst nicht als teilweise Erfüllung anzusehen ist. Bei der eigentümlichen Paarung der Interessen von Verleger und Verfasser an dem Erscheinen des Werkes ist es indes durchaus gerecht, den Verleger darüber entscheiden zu lassen, ob er bezüglich des gelieferten Teiles den Vertrag fortsetzen will. Aus dieser Überlegung heraus gibt das Verlagsgesetz in § 34 dem Verleger das Recht, in Ansehung des gelieferten Teiles den Vertrag durch eine dem Erben des Verfassers gegenüber abzugebende Erklärung aufrecht zu erhalten. Während bei zufälligem Untergang des Werkes nach Ablieferung desselben an den Verleger der Vertrag, von der Honorarforderung abgesehen, erlischt, bleibt der Vertrag hier durch einseitige empfangsbedürftige Willenserklärung des Verlegers in Ansehung des abgelieferten Teiles fortbestehen. Bis zur Erklärung des Verlegers besteht ein Schwebezustand, innerhalb dessen die Erben bezüglich des abgelieferten Teiles an den Vertrag gebunden sind. Die Erben können jedoch nach Absatz 2 dem Verleger zur Ausübung des bezeichneten Rechts eine angemessene Frist bestimmen, mit der Wirkung, daß das Recht erlischt, wenn sich der Verleger nicht vor dem Ablauf der Frist für die Aufrechterhaltung des Vertrags erklärt.

Wird das Werk im Sinne unserer obigen Ausführungen ganz oder zum Teil nicht rechtzeitig abgeliefert, oder ist das Werk nicht von der vertragsmäßigen Beschaffenheit, so steht dem Verleger zunächst nach BGB. die Klage auf Erfüllung zu, bzw. gegenüber einer Klage des Verfassers auf Vornahme der Vervielfältigung und Verbreitung die Einrede des nichterfüllten Vertrages aus § 320 BGB. Bei den besonderen Verhältnissen des Verlagsvertrags erweisen sich diese Rechtsmittel für den Verleger vielfach als ungenügend. Der bei der Klage auf Lieferung des Werkes vom Verleger zu führende Beweis, daß das Werk im Sinne des Verfassers verlagsfähig ist, wird meistens sehr schwierig, wenn nicht unmöglich sein. In Anlehnung an das Rücktrittsrecht des Bestellers im Werkvertrag[94]) ist deshalb dem Verleger bei nicht rechtzeitiger sowie nicht vertragsmäßiger Lieferung des Werkes, ohne daß ein Verschulden oder Verzug des Verfassers erforderlich wäre, nach § 30, 31 Verlagsgesetz ein Rücktrittsrecht eingeräumt. Voraussetzung desselben ist zunächst ein berechtigtes Interesse des Verlegers. Eine unwesentliche Verzögerung in der Ablieferung oder auch kleinere Abweichungen von dem vertragsmäßigen Inhalt oder Umfang des Werkes, die die Absatzmöglichkeit desselben in nur geringem Maße beeinflussen, dürfen innerhalb eines Verlagsverhältnisses nicht den Grund zur Auflösung des Vertrags abgeben. Daher ist der Rücktritt ausgeschlossen, wenn die nicht rechtzeitige Ablieferung des Werkes bzw. die nicht vertragsmäßige Beschaffenheit desselben für den Verleger nur einen unerheblichen Nachteil mit sich bringt[95]). Zur Geltendmachung dieses Rücktrittsrechts hat der Verleger — wie der Unternehmer beim Werkvertrage — dem Verfasser zunächst eine angemessene Frist zur Ablieferung mit der ausdrücklichen Erklärung zu bestimmen, daß er die Annahme der Leistung nach dem Ablaufe der Frist ablehne. Auch hier braucht der Verleger unter Umständen nicht bis zur Ablieferung zu warten, sondern er kann diese Ausschlußfrist schon vor dem Zeitpunkt, in welchem das Werk nach dem Vertrage abzuliefern ist, sofort festsetzen, wenn es sich zeigt, daß das Werk nicht rechtzeitig bzw. nicht vertragsmäßig abgeliefert werden wird. Die ursprüngliche Frist muß natürlich stets eingehalten werden, daher ist die Ausschlußfrist so zu bemessen, daß sie nicht vor dem bezeichneten Zeitpunkt abläuft. Im übrigen muß die Frist angemessen sein, d. h. sie ist unter Berücksichtigung des ganzen Verlagsverhältnisses und der im einzelnen Fall vielleicht obwaltenden besonderen Umstände so zu bestimmen, daß die Lieferung des Werkes überhaupt möglich ist.

---

94) § 636 BGB.

95) Vgl. § 30 Abs. 3 in Verbindung mit § 31 VG.

Ist die Frist fruchtlos abgelaufen, so braucht der Verleger die nachher erst angebotene Leistung nicht mehr anzunehmen, ohne insbesondere in Verzug zu geraten. Der Vertrag selbst bleibt also nach Ablauf der Frist weiter bestehen; nur wird der Anspruch auf Ablieferung des Werkes ausgeschlossen, an dessen Stelle für den Verleger die Berechtigung tritt, von dem Vertrage zurückzutreten. In gewissen Fällen, in welchen die Bestimmung einer Frist im voraus ergebnislos erscheint oder der dadurch bedingte Aufschub der Lieferung dem Verleger schlechterdings nicht zugemutet werden kann, kann der Rücktritt sogar, ohne daß es einer Fristbestimmung bedarf, sofort erklärt werden. Dies tritt ein, wenn die rechtzeitige und vertragsmäßige Herstellung des Werkes, sei es durch Krankheit oder anderweitige Inanspruchnahme des Verfassers, unmöglich ist oder vom Verfasser dem Verleger gegenüber verweigert wird, oder schließlich der sofortige Rücktritt von dem Vertrage durch ein besonderes Interesse des Verlegers gerechtfertigt wird. Hierunter fällt insbesondere auch der Fall, wenn die Lieferung zu einer bestimmten Zeit geschehen soll und auf den vereinbarten Termin ausbleibt, oder wenn sonst — vielleicht durch inzwischen erschienene Konkurrenzwerke — die Absatzmöglichkeit erheblich beeinträchtigt wird.

Was nun das Rücktrittsrecht des Verlegers anbelangt, so finden hier, wie überhaupt in allen Fällen des Rücktritts innerhalb des Verlagsvertrages, die allgemeinen Bestimmungen des BGB. über das vertragsmäßige Rücktrittsrecht entsprechende Anwendung (§ 37 VG.). Insbesondere erfolgt also der Rücktritt des Verlegers vom Vertrag durch Erklärung gegenüber dem Verfasser. Bis zur Abgabe dieser Erklärung, die durchaus nicht sofort geschehen braucht, vielmehr an eine Frist nicht gebunden ist[96]), besteht ein Schwebezustand, in welchem beide Parteien an den Vertrag gebunden sind. Zum Schutz des Verfassers gegen eine Willkür des Verlegers, damit dieser dem unsicheren Zustand ein Ende machen kann, gewährt das Gesetz dem Verfasser die Befugnis, dem Verleger für die Ausübung des Rücktrittsrechts eine angemessene Frist mit der Wirkung zu bestimmen, daß sein Recht erlischt, wenn nicht der

---

[96]) Sie unterliegt auch nicht der Verjährung.

Rücktritt vor dem Ablauf der Frist erklärt wird[97]). Eine Abweichung von den allgemeinen Grundsätzen über den Rücktritt ist nur hinsichtlich der Wirkung desselben für einzelne Fälle durch die Eigentümlichkeit des Verlagsgeschäftes bedingt. An sich wird durch den Rücktritt der ganze Vertrag nicht nur für die Zukunft, sondern auch für die Vergangenheit rückgängig gemacht. Die Parteien sind verpflichtet, einander die empfangene Leistung zurückzugewähren[98]). Dies ist indes vielfach dann unmöglich oder mindestens unzweckmäßig und den Parteiabsichten widersprechend, wenn das Werk bereits ganz oder zum Teil an den Verleger abgeliefert worden ist. Wenn hier schon mit der Vervielfältigung und Verbreitung z. B. eines vor Vollendung des Ganzen abgelieferten Teiles des Werkes begonnen worden ist, so wäre es meistens widersinnig, vom Verleger die Rückgängigmachung alles dessen, was bereits vorgenommen, zu verlangen. Vielmehr muß hier insoweit, als die Rückgängigmachung nicht mehr tunlich ist, der Vertrag aufrecht erhalten bleiben. Während also grundsätzlich auch beim Verlagsvertrag der Rücktritt die völlige Aufhebung des Vertrags zur Folge hat, ist bei dem erst nach teilweiser Ablieferung des Werkes erklärten Rücktritt im einzelnen Fall zu untersuchen, ob und inwieweit unter den vorliegenden Umständen die Rückgewähr noch erfolgen kann oder nicht. Läßt sich aus den Umständen nicht etwas anderes begründen, so bleibt „im Zweifel" der Vertrag insoweit aufrecht erhalten, als er sich auf nicht mehr zur Verfügung des Verlegers stehende Abzüge, auf frühere Abteilungen des Werkes oder auf ältere Auflagen erstreckt. Insoweit in all diesen Fällen der Vertrag aufrecht erhalten bleibt, kann der Verfasser einen entsprechenden Teil der Vergütung verlangen und daher auch, sofern er schon vorher die Vergütung erhalten hatte, einen entsprechenden Satz in Abzug bringen. Im übrigen aber haften die Parteien, sofern der Rücktritt wegen eines Umstandes erfolgt, den der andere Teil nicht zu vertreten hat — z. B. der Verfasser, wenn der Verleger wegen einer vom Verfasser nicht zu ver-

---

97) Vgl. §§ 349 und 355 BGB.

98) Vgl. § 346 BGB.

tretenden nicht rechtzeitigen Lieferung vom Vertrage zurücktritt — nur nach den Vorschriften über die Herausgabe einer ungerechtfertigten Bereicherung (§§ 812 ff. BGB.).

§ 7.

Verschaffung des ausschließlichen Rechts zur Vervielfältigung und Verbreitung.

a) Das obligatorische ausschließliche Recht*).

Neben dieser begriffsnotwendigen Verpflichtung des Verfassers zur Lieferung des Werkes finden wir in den meisten Verlagsverträgen die weitere Verpflichtung des Verfassers, dem Verleger das ausschließliche Recht zur Vervielfältigung und Verbreitung zu verschaffen. Dieses Recht muß zunächst, und zwar in allen Fällen, als ein rein obligatorisches gedacht werden. Wohl soll in den meisten Verlagsverträgen über Werke, bei denen überhaupt dem Verlaggeber das Urheberrecht zusteht, auch das dingliche ausschließliche Recht, das Verlagsrecht, verschafft werden. Dieses Verlagsrecht ist indes etwas ganz anderes. Es tritt neben das obligatorische Recht hinzu; während ersteres, wie später zu erörtern ist, regelmäßig erst mit der Ablieferung des Werkes entsteht, wird

---

*) Anmerk.: Wir verstehen, wie aus dem folgenden ersichtlich, unter dem obligatorischen ausschließlichen Recht das dem § 2 VG. entsprechende Recht des Verlegers. Die dort statuierte Enthaltungspflicht des Verfassers ist das notwendige Korrelat zum Verlagsrecht des Verlegers und wird anderseits bei Verlagsverträgen über urheberrechtlich geschützte Werke, bei denen ein Verlagsrecht nicht übertragen werden soll, ohne weiteres fortfallen, da das eine ohne das andere etwas Halbes und für den Verleger zwecklos wäre (vgl. u. a. S. 56). Bei Verlagsverträgen über gemeinfreie Werke dagegen ist der Verfasser, trotzdem die Verschaffung des Verlagsrechts unmöglich ist, im Zweifel zur Enthaltung nach § 2 (was hier vor allem vor der Veröffentlichung wichtig!) verpflichtet, von dem dinglichen Rechtsschutz abgesehen, gestaltet sich also hier die Rechtslage des Verlegers dem Verfasser gegenüber genau so, wie bei Übertragung des Verlagsrechts beziehungsweise bevor das Verlagsrecht entsteht. Dies rechtfertigt das der Verpflichtung des Verfassers entsprechende Recht des Verlegers in den Vordergrund zu stellen und es das obligatorische ausschließliche Recht des Verlegers zu bezeichnen.

das letztere sofort mit dem Abschluß des Vertrags wirksam. Das obligatorische Recht bleibt aber auch wirksam nach Begründung des Verlagsrechts, durch dessen Entstehung nur der neben dem obligatorischen Recht bestehende Anspruch auf Verschaffung des Verlagsrechts erledigt wird. Mag also ein Verlagsrecht bestellt werden oder nicht, z. B. weil es überhaupt nicht möglich, indem das vertragliche Werk nicht urheberrechtlich geschützt ist, stets finden wir bei Verlagsverträgen mit Übertragung des ausschließlichen Rechts zur Vervielfältigung und Verbreitung zunächst dasselbe obligatorische Verhältnis zwischen Verfasser und Verleger. Wie dieses gestaltet und im weiteren Verlauf im einzelnen voneinander abweicht, soll im folgenden entwickelt werden.

b) Enthaltungspflicht des Verfassers und deren Umfang.

Sichert der Verfasser dem Verleger das ausschließliche Recht zur Vervielfältigung und Verbreitung zu, so bedeutet dies die Verpflichtung für den Verfasser, sich während der Dauer des Verlagsverhältnisses jeder die Rechtsstellung des Verlegers beeinträchtigenden Verfügung über das Werk zu enthalten. In wesentlicher Übereinstimmung mit allen sonstigen Rechten bestimmt daher unser Verlagsgesetz § 2, das der Verfasser sich während der Dauer des Vertragsverhältnisses jeder Vervielfältigung und Verbreitung des Werkes zu enthalten hat, die einem Dritten während der Dauer des Urheberrechts untersagt ist. Diese Enthaltungspflicht des Verfassers ist die notwendige Reflexwirkung des dem Verleger erteilten ausschließlichen Rechts. Nach dem Gesetzestext könnte es nun zweifelhaft erscheinen, ob diese Enthaltungspflicht nicht etwa dem Verlagsvertrag essentiell ist und, m. a. W. — die Verschaffung des obligatorisch ausschließlichen Rechts begriffsnotwendig zum Vertrage gehört. Dies ist jedoch nicht der Fall. § 2 ist, wie fast alle anderen Paragraphen des Verlagsgesetzes, nur dispositiver Natur, gilt also nur, insoweit die Parteien nicht etwas Gegenteiliges vereinbart haben. In durchaus richtiger Würdigung des praktischen Lebens geht das Gesetz davon aus, daß regelmäßig — auch bei Verlagsverträgen über gemeinfreie Werke — dem Verleger ein ausschließliches Vervielfältigungsrecht übertragen werden soll, und setzt daher die Enthaltungspflicht des Verfassers als grundsätzliche Norm. Die Verschaffung des ausschließlichen Rechts hat aber nicht nur ein bestimmtes Verhalten des Verfassers während des Vertrags, sondern zunächst schon vor Abschluß des Vertrags zur Voraussetzung: Der Verfasser darf das Werk noch nicht anderweitig in Verlag gegeben oder veröffentlicht haben. Hier besteht nun ein wichtiger Unterschied zwischen den gewöhnlichen Verlagsverträgen und solchen über urheberrechtlich nicht geschützte Werke. In beiden Fällen, um dies zur Klarstellung zu wiederholen, ist im Zweifel das (obligatorische) ausschließliche Recht zu verschaffen. Wird aber der Vertrag über ein urheberrechtlich geschütztes Werk abgeschlossen, so haftet der Verfasser für die Möglichkeit der Übertragung des ausschließlichen Rechts, unabhängig davon, ob das Werk bereits veröffentlicht und ob der Verleger darum wußte oder nicht. Soll dagegen Gegenstand des Vertrags ein Werk sein, an dem ein Urheberrecht nicht besteht, so haftet der Verfasser nicht, wenn der Verleger um die anderweitige Veröffentlichung wußte, ja sogar nicht einmal dann, wenn es dem Verleger unbekannt war, der Verfasser aber berechtigterweise annehmen konnte, daß dieser davon Kenntnis habe. Nur dann, sagt das Gesetz im § 39 Abs. 2, wenn der Verfasser arglistig verschweigt, daß das Werk bereits anderweitig in Verlag gegeben oder veröffentlicht worden ist, tritt die Haftung ein, und zwar finden dann die Vorschriften des bürgerlichen Rechts, welche für die dem Verkäufer wegen eines Mangels im Rechte obliegende Gewährleistungspflicht gelten[99]), entsprechende Anwendung.

Eine weitere sehr wichtige Abweichung ergibt sich aus dem Umstand, daß es sich um ein gemeinfreies Werk handelt, für die Dauer der Enthaltungspflicht des Verfassers. Bei dem gewöhnlichen Verlagsvertrag hat der Verfasser sich während der ganzen Dauer des Vertragsverhältnisses der Vervielfältigung und Verbreitung zu enthalten. Nun ist aber an sich bei einem urheberrechtlich nicht geschützten Werke jeder zur Vervielfältigung und Verbreitung berechtigt; jeder kann das durch den Verleger ver-

---

[99]) §§ 440, 442 BGB.

öffentlichte Werk nachdrucken und verkaufen. Der Hauptverdienst des Verlegers beruht in dem Verkauf der Exemplare, die zu einer Zeit auf den Markt gebracht werden, da noch kein Abdruck des Werkes anderweitig erscheinen konnte. Abgesehen von dem ihm indes stets bleibenden Ruhm, ein Werk zuerst veröffentlicht bzw. dessen Veröffentlichung zuerst veranlaßt zu haben, muß sich schon nach kurzer Zeit für den Verleger das Interesse an dem Verbot einer anderweitigen Veröffentlichung seitens des Verfassers verlieren. So wäre eine längere Enthaltungspflicht eine unbegründete Härte; daher fällt nach § 39 Abs. 3 Satz 2 VG. die Beschränkung weg, wenn seit der Veröffentlichung des Werkes durch den Verleger sechs Monate abgelaufen sind.

Im übrigen ist die genannte Verpflichtung des Verfassers in allen Fällen dieselbe, die Vorschriften des § 2 VG. finden bei einem Verlagsvertrag über nicht geschützte Werke in gleicher Weise Anwendung, wie wenn an denselben ein Urheberrecht bestünde.

Wie schon betont, hat sich der Verfasser im allgemeinen während der ganzen Dauer des Vertragsverhältnisses in dem Umfange des § 2 VG. jeder Vervielfältigung und Verbreitung zu enthalten. Hiervon wird für nichtperiodische Sammelwerke, wie z. B. ein Lexikon, eine wichtige Ausnahme gemacht. Wenn nämlich für den Beitrag zu einem solchen Sammelwerk dem Verfasser ein Anspruch auf Vergütung nicht zusteht, so darf dieser nach § 3 VG. von dem Verfasser anderweit verwertet werden, wenn seit dem Ablaufe des Kalenderjahres, in welchem er erschienen ist, ein Jahr verstrichen ist.

Was nun den Umfang der Enthaltungspflicht des Verfassers anbelangt, so begnügt sich das Gesetz nicht mit dem allgemeinen Satze, daß der Verfasser nicht zum Nachteile des Verlegers über das Werk oder einzelne Teile desselben verfügen dürfe[100]), sondern stellt die allgemeine Regel auf, daß der Verfasser sich während der Dauer des Vertragsverhältnisses jeder Vervielfältigung und Verbreitung zu enthalten habe, die einem Dritten während der

---

100) So das Schweiz. Obl.-R. Art. 375; Ungarn HGB. 517, auch der Entw. des deutschen Bundes Art. 719; sächs. BGB. § 1140.

Dauer des Urheberrechts untersagt ist. Der Verfasser steht also grundsätzlich nach Abschluß des Verlagsvertrags dem Verleger gegenüber so, wie jeder Dritte gegenüber dem Urheber. Das freie Verfügungsrecht des Verfassers findet also nicht erst seine Grenzen an dem Recht des Verlegers auf Vervielfältigung und Verbreitung; vielmehr ist die Ausübung gewisser, an sich dem Verfasser verbleibender Rechte diesem während der Dauer des Verlagsvertrags verboten, so daß gewissermaßen eine neutrale Zone gebildet wird, deren Überschreiten seitens einer Partei eine Verletzung der Rechte der Gegenpartei bedeutet, auch wenn ein Schaden nicht entstanden ist. In Betracht kommt natürlich nur die Vervielfältigung und Verbreitung, alle anderen Befugnisse, insbesondere das Recht des öffentlichen Vortrags und der öffentlichen Aufführung, werden durch den Verlagsvertrag nicht berührt. Insoweit nun Dritte während der Dauer des Urheberrechts sich der Vervielfältigung und Verbreitung enthalten müssen, ist auch dem Verfasser die Verfügung untersagt. Auch wenn daher z. B. eine bestimmte Art der Vervielfältigung dem Verleger verboten ist, darf der Verfasser das Werk ebensowenig auf diese Weise vervielfältigen, anderseits aber kann der Verfasser das Werk verbreiten, sofern es nur nicht gewerbsmäßig geschieht, weiter sogar gewerbsmäßig verleihen, da dies nicht zu den ausschließlichen Befugnissen des Urhebers gehört[101]).

Für die räumlichen Grenzen der Unterlassungspflicht des Verfassers ist wie für die zeitlichen das Vertragsverhältnis bestimmt. Sofern nicht der Verleger nur für ein bestimmtes Gebiet das Vervielfältigungs- und Verbreitungsrecht erworben hat, ist auch die Unterlassungspflicht des Verfassers nicht nur auf das Inland, sondern auf alle Länder, die überhaupt auf Grund von Staatsverträgen[102]) dem betreffenden Werk einen Urheberschutz gewähren, erstreckt.

---

[101]) Vgl. § 11 UG.

[102]) Vgl. die Berner Übereinkunft (betr. die Bildung eines internationalen Verbandes zum Schutze von Werken der Literatur und Kunst v. 9. September 1886) samt der (Pariser) Zusatzakte und der Deklaration v. 4. Mai 1896 und die Sonderverträge betr. den Urheberschutz an Werken

Von diesem Grundsatz, wonach der Verfasser sich wie jeder Dritte der Vervielfältigung und Verbreitung zu enthalten habe, werden jedoch in Abs. 2 und 3 des § 2 VG. wichtige Ausnahmen normiert. An sich ist auch dem Verfasser wie jedem Dritten die freie Benutzung seines Werkes zur Hervorbringung einer neuen eigentümlichen Schöpfung gestattet; trotzdem sind aber Fälle denkbar, wo die Herausgabe solcher Bearbeitungen als Vertragsverletzung sich darstellt, indem dadurch der Verleger in der wirtschaftlichen Ausnutzung geschädigt wird, das neue Werk nur als Konkurrenzwerk und seine Veröffentlichung als ein Verstoß gegen Treu und Glauben erscheint. Zur Vorbeugung von Streitigkeiten, da insbesondere auch die Frage, ob die im § 12 UG. dem Urheber vorbehaltenen Bearbeitungen ebenfalls in dem Verbote inbegriffen seien, hätte zweifelhaft sein können, schließt das Gesetz in § 2 Abs. 2 ausdrücklich aus der Enthaltungspflicht die Befugnis zur Vervielfältigung und Verbreitung für drei Bearbeitungen aus: 1. für die Übersetzungen in eine andere Sprache oder in eine andere Mundart, 2. für die Wiedergabe einer Erzählung in dramatischer Form oder eines Bühnenwerkes in der Form einer Erzählung und 3. für die Bearbeitung eines Werkes der Tonkunst, soweit sie nicht bloß ein Auszug oder eine Übertragung in eine andere Tonart oder Stimmlage ist. Wohl handelt es sich hier stets um denselben Gedankeninhalt, aber die Form der Wiedergabe ist gegenüber dem Original eine grundverschiedene, so daß eine selbständige Schöpfung entsteht; bezüglich deren dem Verfasser schon im Interesse der Allgemeinheit keine Schranken auferlegt werden dürfen.

Eine weitere sehr wichtige Ausnahme enthält § 2 Abs. 3 VG. Mit Abschluß des Verlagsvertrags begibt sich der Verfasser in der geschilderten Ausdehnung jeden Rechts, das Werk herauszugeben; daher ist er grundsätzlich auch nicht befugt, das Werk zusammen mit seinen anderen Werken in einer Gesamtausgabe zu

der Literatur und Kunst zwischen Deutschland und Frankreich v. 19. April 1883, Belgien v. 12. Dezember 1883, Italien v. 20. Juni 1884, Ver. Staaten v. Amerika v. 15. Januar 1892, Österreich-Ungarn v. 30. Dezember 1899.

veröffentlichen. Da nun ein Verfasser vielfach seine Werke bei verschiedenen Verlegern in Verlag gegeben, könnte er nie, sofern nicht sämtliche Verleger einwilligen, zu seinen Lebzeiten eine Gesamtausgabe veranstalten, d. h. eine größere Anzahl — nicht notwendig alle — seiner Werke in einer Ausgabe veröffentlichen. Deshalb gestattet das Gesetz dem Verfasser die Vervielfältigung und Verbreitung in einer Gesamtausgabe, sofern seit dem Ablauf des Jahres, in welchem das jüngste der aufzunehmenden Werke erschienen ist, zwanzig Jahre verstrichen sind.

Eine besondere Regelung hat die Frage des ausschließlichen Rechts des Verlegers und der Enthaltungspflicht des Verfassers bei den Verträgen, betr. die Beiträge zu periodischen Sammelwerken, gefunden. Wir haben oben gesehen, daß hier regelmäßig überhaupt kein Verlagsvertrag vorliegt, weil im Zweifel der Verleger nur die Erlaubnis zur Vervielfältigung und Verbreitung erhält, ohne die Verpflichtung hierzu zu übernehmen, dennoch aber die Bestimmungen des Verlagsgesetzes Anwendung finden, soweit nicht etwas Abweichendes bestimmt ist. Liefert nun ein Verfasser einer Zeitschrift, ohne daß der Verleger die genannte Verpflichtung übernimmt, einen Artikel, so wird er sich gewöhnlich — und zwar gleichgültig, ob es sich um ein urheberrechtlich geschütztes oder nichtgeschütztes Werk handelt — auch nicht zu den Beschränkungen seiner Befugnisse, denen sich sonst der Verlaggeber im Verlagsvertrage unterwirft, verstehen, insbesondere dem Verleger nicht ohne weiteres die ausschließliche Befugnis zur Veröffentlichung erteilen, sofern nicht besondere Umstände vorliegen. Die Umstände können der verschiedensten Art sein, sei es, daß der Verfasser auf Veröffentlichung in einer bestimmten Zeitschrift besonderen Wert legt und diese nur unter dieser Bedingung Beiträge annimmt, sei es, daß das für den Beitrag gebotene Honorar nur für sog. Originalartikel gegeben wird, bezüglich derer also dem Verleger das ausschließliche Recht zusteht. Dementsprechend bestimmt auch § 42 VG., daß dem Verfasser die anderweitige Verfügung über den Beitrag verbleibt, sofern nicht — und zwar objektiv — aus den Umständen zu entnehmen ist, daß der Verleger das ausschließliche Recht zur Vervielfältigung und Verbreitung erhalten soll. Soll er es nun

— auf Grund ausdrücklicher Vereinbarung oder weil es sich aus den Umständen ergibt — erhalten, so gelten die Bestimmungen des § 2 VG., jedoch wieder mit wichtigen Abänderungen. Aus der Erwägung, daß die Bedeutung eines Sammelwerks an sich schon gerade in der Zusammenstellung von verschiedenen Aufsätzen besteht, insbesondere bei periodischen Sammelwerken regelmäßig ein erschienenes Heft nach gewisser Zeit für den Verleger kein so großes Interesse hat, daß eine anderweitige Herausgabe, z. B. als selbständiges Werk in Buchausgabe, den Verleger erheblich schädigen könnte, wird die Enthaltungspflicht des Verfassers hier zeitlich begrenzt. Und zwar darf der Verfasser bei periodischen Sammelwerken, wie Zeitschriften, über den Beitrag anderweit verfügen, wenn seit dem Ablauf des Kalenderjahres, in welchem der Beitrag erschienen ist, ein Jahr verstrichen ist, unabhängig davon, ob eine Vergütung für die Arbeit vereinbart worden war oder nicht. Ist der Beitrag für eine Zeitung geliefert, so hat sich der Verfasser sogar nur bis zum Erscheinen zu enthalten, nachher darf er alsbald über denselben verfügen.

2. Rechte und Pflichten des Verlegers.

§ 8.

Die Vervielfältigung des Werkes.

a) Art und Weise der Vervielfältigung.

Zum richtigen Verständnis der Rechte und Verpflichtungen des Verlegers aus dem Verlagsvertrage muß davon ausgegangen werden, daß das Verlagsverhältnis ein gegenseitiges Vertrauensverhältnis ist. Der Verfasser vertraut sein Geisteswerk dem Verleger an, damit dieser es für ihn in die Welt hinausschickt und seine Gedanken, seinen Namen bekannt macht. Eine charakteristische Eigentümlichkeit des Verlagsverhältnisses ist es nun, daß die Hauptverpflichtung des Verlegers zur Vervielfältigung und Verbreitung auf eigene Rechnung gleichzeitig den Inhalt des von ihm durch den Vertrag vor allem erstrebten Rechts ausmacht und die Bewirkung seiner Leistung zugleich seinen eigenen Interessen dient, indem durch die entgeltliche Veräußerung der Exemplare in erster Linie die Kosten gedeckt und dann ein Gewinn erzielt werden soll. Zur Erreichung des gemeinsamen Endziels müssen Verfasser und Verleger sich gegenseitig unterstützen und sich mit Rat und Tat zur Seite stehen. Die aus diesem Grundsatz entspringenden Verpflichtungen der Parteien gegeneinander lassen sich zum Teil nur im einzelnen Fall feststellen. Im Falle ihrer Nichterfüllung ist aber zu beachten, daß dann nicht nur Gläubiger-, sondern auch Leistungsverzug vorliegt.

Zunächst hat der Verleger das Werk zu vervielfältigen, d. h. da der Verfasser eine druckfertige Handschrift zu liefern hat, ist der Verleger verpflichtet, das Werk genau der Handschrift gemäß zu vervielfältigen. Daher ist der Verleger insbesondere nicht befugt, Änderungen an dem Werk vorzunehmen oder durch Dritte besorgen zu lassen. Nicht nur dem Gedankeninhalt, sondern auch der Form nach ist das Werk so an die Öffentlichkeit zu bringen, wie es der Verfasser geschaffen hat. Grundsätzlich ist also der Verleger nicht befugt, z. B. bei Tonwerken Angaben für Pausen, Strichzeichen, Tempos oder auch nur Fingersätze zu ändern oder hinzuzusetzen oder Teile, seien sie auch noch so unwesentlich, wegzulassen, das Werk etwa mit Kürzungen — selbst wenn diese das Werk verbesserten — oder einen Teil des Werkes besonders — z. B. bei einem Opernverlag die Ouvertüre für sich — zu veröffentlichen. Das Verbot, Änderungen, wie Zusätze oder Kürzungen, vorzunehmen, erstreckt sich aber nach § 13 VG. — in Übereinstimmung mit den meisten Rechten[103]) — nicht nur auf das Werk selbst, sondern auch auf dessen Titel sowie die Bezeichnungen des Urhebers; hierzu gehört auch ein Vers, den der Verfasser vielleicht als Motto vor sein Werk gesetzt, eine Widmung oder ein Bucheignerzeichen (Exlibris)[104]). Aus der besonderen Stellung, die indes der Verleger als Vertrauensmann des Verfassers und als

---

[103]) Vgl. Bolivien Art. 18; Brasilien Art. 5, Bulgarien HGB. Art. 436; Columbien Art. 16; Costa Rica Art. 19; Dänemark Art. 9, Ecuador Art. 19; Japan Art. 18; Norwegen Art. 9; Portugal Art. 588; Schweiz. Obl.-R. Art. 378; Ungarn HGB. Art. 519.

[104]) Vgl. Frommhold a. a. O.

verantwortlicher Herausgeber des Werkes einnimmt, ergibt sich, daß ihm in gewissem Umfange ein Änderungs- bzw. Korrekturrecht des Werkes eingeräumt werden muß, sofern es im Interesse der Sache erforderlich erscheint. Zulässig sind daher nach § 13 Abs. 2 VG. solche Änderungen, für die der Verfasser seine Einwilligung nach Treu und Glauben nicht versagen kann. Offensichtliche Fehler, wie z. B. falsche Jahreszahlen in einem geschichtlichen Werke, darf also der Verleger verbessern, ebenso andere Änderungen vornehmen, zu denen der Verfasser bei verständiger Würdigung der Sachlage seine Einwilligung nicht versagen darf, wie z. B. bei Werken der Tonkunst ein falscher Schlüssel für ein Instrument. Im übrigen läßt sich eine feste Grenze gar nicht ziehen; es müssen die Verkehrssitten in Betracht gezogen werden und insbesondere Umstände, wie die rechtliche Verantwortung des Verlegers, für die Beurteilung bestimmend sein. Am weitesten wird man die Änderungsbefugnis des Verlegers bei periodischen Sammelwerken, und zwar vor allem bei Zeitungen, gelten lassen müssen, da hier vielfach die Wirkung des Artikels durch schnelle Veröffentlichung desselben bedingt wird, dem Herausgeber aber oft nur noch ein beschränkter Raum zur Verfügung steht. Kleine, unwesentliche Kürzungen dürften da vom Verfasser nicht zu beanstanden sein. Noch anders gestaltet sich aber bei periodischen Sammelwerken die Sachlage, wenn der Beitrag, kraft ausdrücklicher Bestimmung oder weil dies sich aus den Umständen ergibt, ohne den Namen des Verfassers — und zwar weder unter dem wirklichen Namen noch einem Pseudonym — erscheinen soll. Hier übernimmt der Herausgeber die volle moralische wie gesetzliche Verantwortung für den Beitrag, daher muß ihm die Befugnis zugesprochen werden, nach eigenem Gutdünken in beliebigem Umfang Zusätze oder Kürzungen, ja auch Bearbeitungen vorzunehmen, soweit sich solche im üblichen halten. Der Verleger ist daher nach § 44 VG. befugt, an der Fassung solche Änderungen vorzunehmen, welche bei Sammelwerken derseben Art üblich sind.

Bei Zeitschriften müssen die Beiträge vielfach in Abteilungen abgedruckt werden. Hierüber steht dem Verleger oder, sofern ein anderer als Herausgeber genannt ist, diesem (siehe später) das freie Bestimmungsrecht zu. Nur darf der Inhalt des Werkes nicht dadurch Schaden leiden.

Was nun die Art und Weise der Vervielfältigung anbelangt, so kommt lediglich eine Schriftvervielfältigung in Betracht, während andere Vervielfältigungen, wie durch Herstellung von Platten für Phonographen oder Photographien, der Originalhandschrift völlig aus dem Rahmen des Verlagsvertrags herausfallen. Es dürfte keinem Zweifel unterliegen, daß diese Vervielfältigungsarten überhaupt nicht in die Verlegertätigkeit eingerechnet werden können. daher steht dem Verleger nicht nur kein Recht zur Vervielfältigung des Werkes auf die genannte Art und Weise, sondern auch kein Verbietungsrecht gegen den Verfasser zu, der vielmehr trotz des Verlagsvertrags einem Dritten das Recht zu dieser Verwertung erteilen könnte. Das Verlagsgesetz und daher auch § 2 VG. finden auf diese Fälle überhaupt keine Anwendung, seine Grundsätze können höchstens analog herangezogen werden. Die Schriftvervielfältigung geschieht in der Regel auf mechanischem Wege, durch Druck, d. h. Herstellung einer Originalform, von der Abzüge gemacht werden, da nur auf diese Weise die Erfüllung des Zweckes, in vielen verkaufbaren Exemplaren das Werk auf den Markt zu bringen, möglich ist. Unter Umständen genügt allerdings die Vervielfältigung durch Abschreiben, so namentlich im Musikalienverlage bei Orchesterpartituren, da das hier erforderliche Verfahren außerordentlich kostspielig und daher nicht ohne weiteres verlangt werden kann. Eine feste Regel läßt sich bei der Verschiedenheit der Fälle nicht aufstellen. Daher begnügt sich das Gesetz mit der allgemeinen Bestimmung, daß der Verleger das Werk in der zweckentsprechenden und üblichen Weise zu vervielfältigen hat. Zu beachten ist, daß hiernach die Üblichkeit nicht genügt, der Verleger sich also nicht darauf berufen kann, daß er und ähnliche Verlagsanstalten ein gewisses Verfahren stets angewendet haben, wenn dieses nicht gleichzeitig dem Zweck des Werkes entspricht. Die Form und Ausstattung der Abzüge ist in die freie Entschließung des Verlegers gestellt, weil er nicht nur das größere Verständnis hierfür hat, sondern vor allem das Geschäftsrisiko trägt, daher an einer die Absatzmöglichkeit fördernden Gestaltung der Abzüge am meisten interessiert ist. Abgesehen von besonderen vertraglichen Abmachungen, durch welche sich etwa der Verfasser die Berücksichtigung bestimmter Wünsche gesichert hat, unterliegt das freie Bestimmungsrecht des Verlegers nur insofern einer Beschränkung, als die Form und Ausstattung nicht der im Verlagshandel herrschenden Übung oder dem Zweck und Inhalt des Werkes widersprechen darf. So wäre der Verleger nicht berechtigt, mitten zwischen den Text Annoncen einzudrucken oder bei Wahl der Schrift, des Papiers, des Formates lediglich die Reklamerücksichten obwalten zu lassen, ohne dies dem Charakter und der Bedeutung des Werkes anzupassen. Das Recht, die Ausstattung des Werkes zu bestimmen, schließt selbstverständlich nicht die Befugnis ein, Illustrationen in das Werk, etwa zur Erläuterung oder Belebung des Textes, einzunehmen. Dies wäre eine unzulässige Änderung des vom Verfasser gelieferten Werkes, der also mindestens hierzu seine Einwilligung erteilen müßte; welche Verhältnisse dann entstehen, ist schon oben zur Darstellung gebracht worden. Auf einen gerade im modernen Konzertleben, und zwar nicht nur Vokal — sondern im Hinblick auf die Bedeutung der Programmusik auch für Instrumentalkonzerte sehr wichtigen Fall macht Kohler[105]) aufmerksam: Wenn jemand den Verlag für den Abdruck des Textes in Konzertprogrammen übernimmt, darf er nur in der Weise und für den Zweck der Programme die Vervielfältigung vornehmen; ebenso (vgl. Kohler daselbst), wenn ein Musikalienverleger den Verlag für die Opernstimmen übernimmt, darf er nicht auch die Partiturvervielfältigungen verbreiten, abgesehen davon, daß sehr häufig die Partitur gar nicht veröffentlicht werden soll.

Nicht der Zweck des Werkes als solchen, sondern wie er sich im einzelnen Fall aus dem Umfang der dem Verleger übertragenen Verwertungsbefugnis ergibt, soll für die Art und Weise der Vervielfältigung bestimmend sein. Wenn daher ein Verfasser mehrere seiner Werke zur besonderen Herausgabe in Verlag gegeben hat, ist der Verfasser nicht berechtigt, eine Gesamtausgabe dieser Werke zu veranstalten; ferner darf er ein Einzelwerk nicht für ein Sammel-

---

105) 1906, S. 270.

werk, gleichgültig, ob es ein periodisches ist oder nicht, verwerten. Ebensowenig ist es umgekehrt dem Verleger gestattet, Teile einer Gesamtausgabe, z. B. bei einem Verlag sämtlicher Werke Ibsens, ein einzelnes Drama oder Teile eines Sammelwerkes wie eine für eine akademische Festschrift gelieferte Arbeit, als Sonderausgabe zu veröffentlichen, sofern ihm nicht daneben diese Befugnis besonders eingeräumt worden ist (§ 4 VG.)[106])

Nach unserem obigen Grundsatz entscheidet sich auch die Frage, ob der Verleger den Beitrag zu einem Sammelwerk statt in dem einen Sammelwerk in einem andern veröffentlichen darf. Bei periodischen Sammelwerken ist dies schlechterdings zu verneinen; eine etwa für die „Woche" gelieferte Arbeit darf der Verleger nicht ohne weiteres statt dessen im „Tag" erscheinen lassen, denn das Werk ist nur für die eine vereinbarte Zeitschrift geliefert, die Veröffentlichungsbefugnis des Verlegers und demgemäß die Art und Weise der Vervielfältigung streng umgrenzt. Bei nicht periodischen Sammelwerken ist zu unterscheiden, ob der Verleger dem Verfasser gegenüber das zu schaffende Sammelwerk nach Namen der Verfasser der übrigen Beiträge oder nach dem Inhalt und Charakter der einzelnen Aufsätze, somit der Tendenz und dem Zweck des Sammelwerkes nach genau bestimmt hatte. Hier darf der Verleger das Werk auch nicht in einem anderen abweichenden Sammelwerk erscheinen lassen. Anders dagegen, wenn über die Art des Sammelwerkes keine Vereinbarungen getroffen sind; von der Seite des Verfassers aus kann hier, streng genommen, von einem „anderen" Sammelwerk gar nicht gesprochen werden, da er kein konkret bestimmtes im Auge hatte, den Verleger aber seine ursprüngliche Absicht bezüglich der Gestaltung des Sammelwerks unmöglich binden kann, da er in dieser seiner Schöpfung Herr ist, solange er sich nicht vertraglich gebunden hat. — Daß der Verleger das Werk mangels besonderer Erlaubnis nicht außerdem noch in anderen Sammelwerken veröffentlichen darf, bedarf keiner weiteren Ausführung. Vorbehalten bleibt dem Verleger nach § 4 Satz 2 VG.

---

[106]) Vgl. Bulgarien HGB. § 441: Schweiz. Obl.=R. Art. 381; Ungarn HGB. Art. 524.

jedoch eine solche Verwertung, die auch jedem Dritten während der Dauer des Urheberrechts freisteht. Durch diesen an sich selbstverständlichen Satz wird insbesondere auf die §§ 19 und 21 UG. hingewiesen und soll nur klargestellt werden, daß diese Paragraphen auch für den Verleger gelten, er also in bezug auf den Nachdruck nicht etwa schlechter gestellt ist wie jeder Dritte[107]). Übrigens findet § 4 VG. auf Werke der Literatur wie der Tonkunst in gleicher Weise Anwendung; eine Abweichung des ersten Entwurfs wurde mit Recht entfernt. So wird für alle Fälle der durchaus gesunde Zustand geschaffen, daß, wenn ein in einen Verlag gegebenes Einzelwerk in einer Gesamtausgabe oder einem Sammelwerk, bzw. Teile einer Gesamtausgabe oder eines Sammelwerkes als Sonderausgabe verwertet werden sollen, es hierzu mangels besonderer Abmachungen des übereinstimmenden Willens von Verleger und Verfasser bedarf.

Entsprechend den allgemeinen Grundsätzen hat der Verleger mit der Vervielfältigung zu beginnen, sobald ihm das vollständige Werk zugegangen ist. Wie wir oben schon ausgeführt, ist der Verfasser vorleistungspflichtig, der Verleger kann also solange die Erfüllung seiner Verpflichtung verweigern, bis ihm das vollständige Manuskript geliefert worden ist. Hierin liegt keineswegs eine

---

[107]) Danach dürfen einzelne Teile eines Werkes der Literatur oder Tonkunst oder einzelne Aufsätze und Kompositionen von geringem Umfang nach dem Erscheinen in selbständigen literarischen bzw. wissenschaftlichen Arbeiten angeführt, Gedichte nach dem Erscheinen in eine Sammlung aufgenommen werden, die Werke einer größeren Zahl von Schriftstellern vereinigt und ihrer Beschaffenheit nach zur Benutzung bei Gesangsvorträgen bestimmt ist; weiter ist die Aufnahme einzelner Aufsätze von geringem Umfang, einzelne Gedichte oder kleinerer Teile eines Schriftwerkes nach dem Erscheinen in eine Sammlung gestattet, die Werke einer größeren Anzahl von Schriftstellern vereinigt und ihrer Beschaffenheit nach für Kirchen- Schul- oder Unterrichtsgebrauch oder einen eigentümlichen literarischen Zweck (in letzterem Fall bei Lebzeiten des Verfassers jedoch nur mit persönlicher Einwilligung) bestimmt ist. Kleinere Kompositionen können nach dem Erscheinen lediglich in eine solche Sammlung aufgenommen werden, die Werke einer größeren Zahl von Komponisten vereinigt und ihrer Beschaffenheit nach für den Unterricht in Schulen, mit Ausnahme der Musikschulen, bestimmt ist.

Härte, sondern ist die notwendige Bedingung dafür, den Verleger vor dem Schaden zu behüten, der ihm bei unversehens eintretender Nichtvollendung des Geisteswerkes entstehen würde. Anders liegt die Sache nur dann, wenn das Werk in Abteilungen erscheinen soll und der Verfasser eine nach ordnungsmäßiger Folge zur Herausgabe bestimmte Abteilung abgeliefert hat. Hier bildet jede Abteilung ein — wenigstens nach dem hier allein maßgebenden Willen des Verfassers[108]) — vollständiges Werk, das druckfertig und unabhängig von späteren Abteilungen zur Veröffentlichung bestimmt ist; daher hat der Verleger sofort nach der Ablieferung einer Abteilung mit der Vervielfältigung zu beginnen (§ 15 VG.). Ein Anspruch auf gleichzeitige Ablieferung des ganzen Werkes steht ihm nicht zu.

Darüber, in welcher Zeit der Verleger die Vervielfältigung zu Ende zu führen hat, enthält das Gesetz keine Bestimmung. Hiervon ist im folgenden Zusammenhang zu sprechen.

b) Anzahl der Exemplare.

Gewohnheitsrechtlich hat sich im deutschen Buchhandel der Grundsatz entwickelt, daß das Vervielfältigungsrecht des Verlegers im Zweifel beschränkt ist und nach Verkauf der ihm zugestandenen Anzahl von Exemplaren an den Verfasser wieder zurückfällt[109]). Galt es hier, an sich nur bestehendes Recht gesetzlich festzulegen, so war bei der Kodifikation eine große Schwierigkeit zu überwinden, indem der im ganzen Buchhandel tief eingewurzelte Begriff der Auflage, mit deren Zahl allgemein der Umfang des Vervielfältigungsrechts des Verlegers bestimmt wird, in Wahrheit den durch die moderne Technick veränderten Druckverhältnissen nicht mehr entsprach. Der Begriff der Auflage war in dem Druckverfahren mit beweglichen Lettern, bei welchen von dem hergestellten Satze in unmittelbarer Aufeinanderfolge eine Reihe von Abzügen gemacht und dann der Satz zwecks anderweitiger Verwendung der Lettern

---

[108]) Sachlich braucht dies keineswegs der Fall zu sein; so erscheinen oft Werke in Lieferungen nach Druckbogen, so daß ein Band mitten im Satz abbrechen kann.

[109]) Vgl. hierüber Wächter, Verlagsr. I S. 262 ff.

auseinandergenommen wurde, dahin entstanden, daß die Auflage die Gesamtzahl der von einem Satz auf einmal abgezogenen Exemplare sei. Mit der Erfindung der Stereotypie, d. h. „Abguß des Schriftsatzes vermittels einer von ihm genommenen Gips-, später Papierform“ und neuerdings der Zeilengießmaschine, bei welcher ein Tastenanschlag die Aufreihung der die einzelnen Schriftzeichen enthaltenden Matrizen zu einer vollen Schriftzeile bewirkt, die sofort von der Maschine selbst abgegossen und wieder in die einzelnen Schriftzeichen aufgelöst wird[110]), traf dies nicht mehr zu. Die Form wurde nicht mehr sofort wieder zerstört, sondern die Stereotypplatten, bzw. die Zeilengußstücke aufgehoben, so daß jederzeit neue Abzüge möglich sind. Während früher dadurch das Druckverfahren in streng geschiedene Abzüge verfiel und jede Auflage sämtliche in einem solchen Abschnitt abgezogenen Exemplare umfaßte, deren Höhe sogar nach den meisten Rechten in das Belieben des Verlegers gestellt war[111]), fiel nunmehr die natürliche Abgrenzung fort und es konnten jederzeit neue Exemplare abgezogen werden. Um den altehrwürdigen und mindestens dem Publikum gegenüber höchst bedeutenden Ausdruck zu retten, mußte daher der Begriff der Auflage eine Änderung erfahren[112]). Man versteht heute darunter die Gesamtzahl der vertragsmäßig zunächst zur Vervielfältigung und Verbreitung bestimmten Exemplare. Auch heute wird also der Umfang des Rechts des Verlegers nach Auflagen bestimmt und darnach, wie früher, die Abzüge der Vervielfältigung berechnet; nur wird damit gleichzeitig genau die Anzahl der Exemplare angegeben, da man eben unter „Auflage“ eine bestimmte

[110]) Vgl. Voigtländer S. 182 ff.

[111]) So u. a. Preußen Allg. LR. I Teil 11 § 1010; Baden L.R. II Titel 2, Kap. 6 § 577; Zürich Privatrechtl. Gesetzb. § 605; Entwurf für Bayern, Art. 834; Schweiz. Obl.-R. Art. 377; Ungarn HGB. § 520; Gemeines Recht vgl. u. a. Wächter, Verlagsr. S. 270, Petsch S. 88 ff.

[112]) Merkwürdig wirkt die vielfach vertretene Ansicht, der Verleger dürfe sich deshalb „einer Form, die lediglich auf die Möglichkeit einer steten Vervielfältigung berechnet ist, überhaupt gar nicht bedienen, also z. B. das Werk nicht stereotypieren lassen“, so Wächter Verlagsr. I S. 271/272, Harum S. 157, Weiskes Rechtslexikon IV. S. 179, Petsch S. 90.

Anzahl von Abzügen versteht. In diesem Sinne bestimmt daher das Gesetz, daß der Verleger — immer natürlich mangels anderweitiger Abmachungen, da der Vertrag, wie oben hervorgehoben, in allen diesen Punkten in erster Linie maßgebend ist — nur zu einer Auflage berechtigt ist[113]). Dies gilt heute in gleichem Maße für den Buch- wie Musikalienverlag. Der Verleger darf also die Zahl der Abzüge, die zusammen eine Auflage ausmachen sollen, nur einmal herstellen. Für den Fall, daß nun die Zahl der Abzüge nicht bestimmt ist[114]), setzt das Gesetz in Anlehnung an das Sächsische Recht[115]) die Höhe der Auflage auf tausend fest. An diese Grenze ist nur der Verleger im Zweifel nur nach oben gebunden. Da er das Risiko trägt, steht ihm nach § 5 Abs. 2 VG.

---

[113]) Wie schon oben erwähnt, folgt das Gesetz hier der herrschenden Meinung in Literatur und Rechtsprechung, vgl. Baden Landrecht II Titel 2 Kap. 6 § 577; Zürich, Privatrechtl. Gesetzb. § 1603; Sachsen B.G.B. § 1142; Anhalt-Dessau Verordn. v. 15.—24. November 1827 § 2; Sachsen-Altenburg, Gesetz v. 1. Dezember/9. Januar 1827/28 § 1; Sachsen-Coburg-Gotha, Verordn. v. 18. September 1828 § 3; Anhalt-Cöthen, Mandat v. 23. September 1828 § 6; Bergerscher Entwurf § 30; Entwurf für Bayern Art. 833; Entwurf für den deutschen Bund Art. 719; Schweiz. Obl.-R. Art. 377; Finnland § 28; Norwegen § 9; Schweden § 6 Abs. 2; Ungarn HGB. § 522. Anders Preußen (und im Anschluß Österreich BGB. § 1167) ALR. I Tit. 11. Es unterscheidet zwischen neuer „Auflage" als „dem unveränderten Abdruck einer Schrift in eben demselben Formate" (§ 1010) und „neuer Ausgabe": „wenn eine Schrift in verändertem Formate oder mit Veränderungen im Inhalt von neuem gedruckt wird" (§ 1012). Hinsichtlich der „Ausgabe" erstreckt sich das Verlagsrecht nur auf die erste Ausgabe (§ 1016); hinsichtlich der „Auflage" wird unterschieden, ob im Verlagsvertrag die Zahl der Exemplare der ersten Auflage bestimmt ist oder nicht, ist sie nicht bestimmt, so kann der Verleger nach Belieben neue Auflagen veranstalten (§ 1013). Solche Unterscheidungen zwischen Auflage und Ausgabe ist aber heute nicht mehr gerechtfertigt und war daher von dem Gesetz nicht aufzunehmen.

[114]) Dies ist übrigens eine große Ausnahme, da die Vereinbarung über die Höhe der Auflage einer der wichtigsten Punkte des Verlagsvertrags ist, vgl. Voigtländer S. 184/185.

[115]) BGB. § 1142; ebenso schon der Bergersche Entwurf § 23, Entwurf für den deutschen Bund Art. 719; Finnland § 28; Schweden § 6 Abs. 2; anders dagegen unter dem Einfluß des alten Auflagenbegriffs die meisten Rechte, vgl. oben Anm. 109.

ein Bestimmungsrecht nach unten zu, indem er durch einseitige empfangsbedürftige Willenserklärungen dem Verfasser gegenüber die Zahl der Abzüge niedriger bestimmen und dadurch einseitig sein Recht beschränken kann, sofern nur die Erklärung vor Beginn der Vervielfältigung abgegeben ist. Diese so bestimmte Auflage, aber auch nur diese, darf der Verleger herstellen, was weiter gedruckt wird, ist Nachdruck.

Es ist bisher nur von dem Umfang des Vervielfältigungsrechts des Verlegers die Rede gewesen; es fragt sich nun, wie weit seine Verpflichtung geht, insbesondere, ob Recht und Pflicht im Zweifel gleich sind. In der Literatur wie Rechtsprechung gehen die Ansichten hierüber auseinander, was allerdings mit der alten Auffassung des Auflagenbegriffs zusammenhing[116]). Berücksichtigt man, daß das Recht des Verfassers zunächst im Grunde genommen erst die Folgeerscheinung seiner Verpflichtung ist, so erscheint nur dies an sich gerechtfertigt, daß dem Recht in seinem vollen Umfang die Pflicht entsprechen muß. So bestimmt daher das Gesetz in § 16: Der Verleger ist verpflichtet, diejenige Anzahl von Abzügen herzustellen, welche er nach dem Vertrage oder gemäß dem § 5 VG. herzustellen berechtigt ist. Eine andere Frage ist allerdings die, ob diese Verpflichtung eine unbedingte ist, also auch dann der Druck der vollen Auflage beansprucht werden kann, wenn von vornherein eine auch nur annähernd entsprechende Nachfrage fehlt, und was damit zusammenhängt, ob die gesamte Auflage auf einmal hergestellt werden muß. Wie schon aus unseren obigen Ausführungen zu ersehen ist, geht die Strömung, der auch der Gesetzgeber Rechnung tragen mußte, dahin, zwar die Rechtsstellung des Verlegers genau zu begrenzen, innerhalb dieser Schranke aber ihm möglichst Freiheit zu lassen. Es wäre widersinnig vom Verleger, der das volle Risiko tragen muß, rigoros die Herstellung sämtlicher Exemplare

---

[116]) Nach Wächter, Verlagsr. I S. 275, ist der Verleger nicht verpflichtet, alle Exemplare herzustellen, zu denen er (wenn die Höhe der Auflage vereinbart) berechtigt ist: hat er nur einen Teil davon (auf einmal!) gedruckt, so hat er seine Auflage geschlossen, sein Recht ist erloschen, „eben weil er nur zu einer Auflage berechtigt ist". Ebenso faßt es Schürmann S. 332 § 45 als Verzicht auf sein volles Auflagerecht auf.

zu fordern; wohl aber kann von ihm verlangt werden, rechtzeitig dafür zu sorgen, daß der Bestand nicht vergriffen wird (§ 16 Abs. 2 VG.). Der Verleger braucht also die Auflage nicht auf einmal in der vollen Höhe herzustellen, er muß aber ständig einen solchen Vorrat auf Lager haben, daß er ohne weiteres in vollem Umfange der Nachfrage genügen kann[117]).

Da der Verleger die volle Anzahl von Abzügen herstellen muß, zu der er berechtigt ist, anderseits aber streng an diese Zahl gebunden ist, könnten in der Lieferung ordnungsmäßiger Exemplare für ihn Schwierigkeiten entstehen, wenn z. B. ein Exemplar durch Versehen beim Drucken oder auch beim Buchbinder beschädigt ist. Hier ist an sich aus allgemeinen Grundsätzen von Treu und Glauben ohne weiteres gestattet, diese Versehen zu verbessern, unter Umständen einen Teil neu zu drucken. Es kann aber auch möglicherweise ein ganzes Exemplar, z. B. weil es versehentlich auf minderwertigem Papier gedruckt, unbrauchbar sein. Hier wäre nach der strengen Vorschrift die Herstellung eines Ersatzexemplars Nachdruck. Deshalb kennt der Buchhändler von jeher sogenannte Zuschußexemplare, d. h. Exemplare, die nicht in die Zahl der zulässigen Abzüge eingerechnet werden, vielmehr über diese hinaus vom Verleger zu dem Zwecke hergestellt werden, diesem den durch Beschädigung beim Drucken oder Binden der Exemplare eintretenden Verlust zu ersetzen. Diese Zuschußexemplare dürfen in der üblichen Anzahl nach Bedarf hergestellt, jedoch dem Zweck der Vorschrift entsprechend auch nur zum Ersatz oder zur Ergänzung beschädigter Abzüge verwendet, nicht aber verbreitet werden (§ 6 VG.). Zu beachten ist, daß sie zum ordnungsmäßigen Betriebe gehören und daher vom Verleger hergestellt werden müssen, wenn er nicht Gefahr laufen will, seine Verpflichtung nicht völlig erfüllen zu können. Anders steht die Sache, wenn ordnungsmäßig hergestellte Abzüge

---

[117]) Der Verleger kann sich also z. B. nicht damit entschuldigen, daß nach seiner Berechnung die Nachfrage nicht mehr hätte wachsen können. Grundsätzlich ist er zur Herstellung sämtlicher Abzüge verpflichtet, tut er es nicht, so geschieht es auf seine Gefahr. Das will der Abs. 2 des § 16 besagen; ein Widerspruch mit S. 1 des § 1 wie Voigtländer S. 212 meint, besteht also keineswegs.

ganz oder zum Teil untergehen, ohne daß sie durch Zuschußexemplare ersetzt werden können, z. B. wenn eine größere Menge untergegangen ist. Im Einklang mit der herrschenden Meinung und allen anderen Rechten erklärt das Gesetz den Verfasser nicht befugt, den Verleger zu neuem Druck anzuhalten. Wohl aber entspricht es der Billigkeit, dem Verleger einen, doch lediglich auf seine Rechnung geschehenden Neudruck zum Ersatz der untergegangenen Exemplare zu gestatten. Voraussetzung ist, daß die Exemplare noch zum Lager des Verlegers gehörten, d. h. entweder in seinem eigenen Lager oder dem seiner Beauftragten, wie Kommissionär, Buchbinder, oder auf dem Transport zu diesen, nicht jedoch beim Sortimenter, untergegangen sind, ferner, daß der Verleger vorher dem Verfasser von seiner Absicht Anzeige macht; die Anzeigepflicht dient zur Vermeidung von Mißbräuchen, durch ihre Unterlassung wird der Ersatz zum Nachdruck[118]). Wann dagegen die fertiggestellten Abzüge untergehen, ob vor oder nach Beginn des Vertriebes, ist gleichgültig, und abweichende Vorschriften ließen sich höchstens von dem alten Auflagebegriff rechtfertigen[119]). Zweifelhaft könnte sein, was unter „untergegangen" zu verstehen ist. Da das Gesetz den Ersatz auf zufälligen Untergang nicht beschränkt[120]), schließt ein Verschulden die Ersatzbefugnis nach § 7 VG. nicht aus. Ist hiernach der Verleger bei einer von ihm zu vertretenden Fahrlässigkeit zweifelsohne desgleichen zum Ersatz berechtigt, aber nicht verpflichtet, wenn er auch möglicherweise wegen einer dadurch verursachten Störung der Verbreitung zum Schadensersatz herangezogen werden kann, so ist es fraglich, wie bei vorsätzlicher Vernichtung oder Makulierung der Exemplare seitens des Verlegers zu entscheiden ist. Mit der herrschenden Meinung dürfte hierin jedoch ein allerdings unrechtmäßiger Verzicht des Verlegers auf das Recht der Verbreitung zu erblicken sein, der nicht mehr rückgängig gemacht werden kann[121]).

118) A. M. Allfeld S. 441.

119) Anders Schweiz. Obl.-R. Art. 388; Ungarn HGB. § 530; Wächter, Verlagsrecht I, S. 291 ff.

120) Anders Schweiz. Obl.-R. Art. 388 und Ungarn HGB. § 530.

121) So schon Wächter S. 293; Allfeld S. 470, Voigtländer S. 190 u. a.

Noch eine andere Gruppe von Exemplaren als die Zuschußexemplare werden in die Zahl der erlaubten Abzüge nicht eingerechnet: die Freiexemplare. Man versteht darunter Exemplare, die der Verleger unentgeltlich teils dem Verfasser überläßt, teils im gemeinsamen Interesse von Verfasser und Verleger an dritte, einflußreiche Personen zur Hebung des Absatzes, beziehungsweise anderweitig aus anderen Rücksichten abzugeben pflegt. Nach altem buchhändlerischen Brauche erhält nämlich der Verfasser in beschränkter Anzahl Freiexemplare, die er nach seinem Belieben zum persönlichen Bedarf, wie zu Geschenken, Widmungen, verwenden darf[122]). War es bisher bestritten, ob kraft Usance dem Verfasser allgemein ein Recht auf diese Freiexemplare zusteht[123]), so bestimmt heute das Gesetz in § 25, daß der Verleger zur Lieferung von Freiexemplaren verpflichtet ist. Der Verfasser hat einen Anspruch auf eine gewisse Anzahl von fertiggestellten Exemplaren, wie sie im Buchhandel erscheinen sollen. Hiervon gibt es jedoch zwei Ausnahmen. Bei Sammelwerken kann dem Verleger nicht ohne weiteres die Lieferung des ganzen Sammelwerkes zugemutet werden, zumal der Verfasser im Grunde genommen nur ein Recht auf ein Exemplar seines Werkes, also seines Beitrages, hat. Hier wird dem Verleger ausnahmsweise gestattet, von dem betreffenden Beitrag eine Sonderausgabe zu machen und diese Sonderabzüge als Freiexemplare zu liefern. Immerhin ist zu beachten, daß auch diese Sonderabzüge ein fertiges Exemplar, ein selbständiges Ganzes darstellen müssen, nicht etwa aus losen Blättern bestehen dürfen. Dies gilt in gleichem Maße für periodische Sammelwerke, ausgenommen jedoch für Zeitungen, die ja für billiges Geld überall zu haben sind; dem im Zeitungsverlag geltenden Brauch entsprechend gewährt daher das Gesetz dem Verfasser eines in einer Zeitung erscheinenden Beitrags kein Anrecht auf Freiexemplare (§ 46 Abs. 1 VG.). Was die Zahl der Freiexemplare anbelangt, so ist zu unterscheiden, ob es sich um Werke der Literatur oder der Tonkunst handelt.

---

122) Natürlich nicht zu einem dem Verbot des § 2 widersprechenden Zweck.

123) Bestritten z. B. von Wächter I S. 364; Streißler I S. 36.

Bei literarischen Werken hat der Verleger dem Verfasser auf je 100 Abzüge ein Freiexemplar, jedoch im ganzen nicht weniger als fünf und nicht mehr als fünfzehn zu liefern. Bei Werken der Tonkunst läßt sich bei der besonderen Verschiedenheit der einzelnen Verhältnisse keine allgemeine Regel aufstellen; hier ist daher die für die betreffende Gattung von Musikwerken bestehende Übung zu prüfen und darnach die so festgestellte übliche Zahl von Freiexemplaren zu liefern (§ 25 Abs. 2 VG.). In diese dem Verfasser zustehende Zahl von Freiexemplaren sind Aushängeexemplare, d. h. die Reindrucke der einzelnen Bogen nach Vollendung derselben[124]), nicht einzurechnen. Solche Aushängebogen werden in der Regel in Partien von den Druckereien geliefert, um dem Verfasser die richtige Ausführung des Druckes kontrollieren zu lassen und ihm so noch vor endgültiger Fertigstellung der Exemplare etwaige Berichtigungen zu ermöglichen. Die hierbei gefundenen Druckfehler können, da es sich um Abzüge von dem endgültig feststehenden Satze handelt und das Druckverfahren trotz Übersendung von Druckbogen weiter geht, natürlich nur noch in einem besonderen Druckfehlerverzeichnis berichtigt werden. Immerhin kann durch die Pflicht zur Übersendung von Druckbogen unter Umständen die schnelle Herstelluug der Auflage gehemmt werden. Das Gesetz verpflichtet deshalb den Verleger auch nicht allgemein zur Überlassung eines Exemplares in Aushängebogen, sondern nur dann wenn es der Verfasser ausdrücklich verlangt (§ 25 Abs. 1 S. 2 VG.). Sind hiernach Aushängebogen auch keine Freiexemplare im Sinne des § 25 VG., so müssen sie doch als Freiexemplare im Sinne des § 6 VG. gelten, d. h. daß sie nicht in die Auflage eingerechnet, also über die dem Verleger gestellte Anzahl von Exemplaren hinaus hergestellt werden dürfen; dies entspricht der Billigkeit. Neben diesen dem Verfasser zu liefernden Freiexemplaren kommen diejenigen in Betracht, die der Verleger teils zum Bekanntwerden des Werkes, z. B. an Kritiker von großen Zeitungen oder an Fachleute, insbesondere Leiter von Schulen (sog. Rezensionsexemplare) teils zur Erfüllung gewisser moralischer oder gesetz-

---

[124]) Vgl. Schürmann S. 330.

licher Verpflichtungen (sog. Pflicht- und Widmungsexemplare) an Dritte sendet. Hierher gehören z. B. auch die Pflichtexemplare die für periodische Druckschriften nach dem Reichspreßgesetz § 9 an die Polizeibehörde des Ausgabeortes und für andere Druckschriften nach einer Reihe von Landesgesetzen (so z. B. Preußen zwei, und zwar eines an die Kgl. Bibliothek zu Berlin und eines an die Universitätsbibliothek derjenigen Provinz, in welcher der Verleger seinen Wohnsitz hat)[125]), an staatliche Institute unentgeltlich geliefert werden müssen[126]), fernerhin auch die Probehefte bei Lieferungswerken, die an Personen versandt werden, welche der Verleger zu den in Betracht kommenden Leserkreisen zählt[127]). Alle diese Freiexemplare dürfen nur insoweit über die Auflage hinaus gedruckt werden, als ihre Zahl den zwanzigsten Teil der zulässigen Abzüge nicht übersteigt. Will der Verleger mehr Exemplare gratis versenden, so muß er solche aus der Auflage nehmen. Zum Mehrdruck ist er nicht berechtigt, ebensowenig er die über die Auflage hinaus gedruckten Freiexemplare, auch wenn er sie als solche nicht mehr verwenden könnte, verkaufen oder als sogenannte Buchhändlerfreiexemplare den Sortimentsbuchhändlern bei Abnahme einer größeren Anzahl von Exemplaren gewähren dürfte, da dies nur eine besondere Form der Rabattgewährung ist[128]).

Bisher sind nur die Verhältnisse zur Darstellung gekommen, wie sie sich für die erste Auflage gestalten, auf welche sich im Zweifel das Recht des Verlegers beschränkt.

Wie ist die Sachlage, wenn dem Verleger nach Abschluß des Vertrages vom Verfasser das Recht zur Veranstaltung weiterer

---

[125]) Vgl. hierüber und über die weiteren Bestimmungen, insbesondere auch anderer Staaten, Streißler 1 S. 73 ff.

[126]) Nach einigen Schriftstellern sollen diese Pflichtexemplare nicht als Freiexemplare gelten. Es wäre jedoch unbillig, durch sie, deren Herstellungskosten der Verleger an sich schon zu tragen hat, das Recht des Verlegers zu kürzen. Von einem „Abwälzen der dem Verleger obliegenden öffentlich-rechtlichen Pflicht auf den Verfasser", wie Allfeld S. 438 meint, kann doch dabei nicht gesprochen werden, da der Verleger, wie gesagt, die Kosten zu zahlen hat.

[127]) So mit Recht Allfeld S. 438.

[128]) Vgl. hierzu Voigtländer S. 188.

Auflagen eingeräumt ist? Sind hierbei keine diesbezüglichen Abmachungen getroffen, so gelten nach § 5 Art. 1 S. 2 VG. für jede neue Auflage die gleichen Abreden, wie für die vorhergehende, erhält also der Verleger z. B. nach der zweiten Auflage das Recht auf eine dritte, so sind die für die zweite (nicht die erste!) Auflage getroffenen Vereinbarungen maßgebend. Auf alle mittelbar oder unmittelbar geregelten Punkte, wie über Auflagenhöhe, Freiexemplare, Ausstattung usw., findet dieser Grundsatz Anwendung; auch die Verpflichtung des Verlegers zur Herstellung sämtlicher ihm gestatteten Exemplare besteht grundsätzlich für die zweite Auflage. Aber wenn auch diese Verpflichtung durch die oben dargestellte Gestaltung, die sie durch den Abs. 2 des § 16 VG. gefunden hat, weniger gefährlich geworden ist, so würde sie doch dem Verleger bei der Herstellung neuer Auflagen unter Umständen ein ungeheures Risiko eröffnen, da sich erstens der Absatz für eine neue Auflage oft gar nicht zur Zeit einer dahingehenden Abmachung voraussehen läßt, der Verleger also selbst dann, wenn er mangels irgendwelcher Nachfrage die neue Auflage nicht erst zu drucken beginnt, eine vereinbarte Vergütung entrichten müßte, zweitens die Veranstaltung einer neuen Auflage, oft nur durch Umarbeitung des Werkes größeren Erfolg verspricht und daher die bedingungslose Verpflichtung zur Herstellung der neuen Auflage dem Verleger jedes Mittel rauben würde, einen säumigen Verfasser zur Neubearbeitung seines Werkes zu drängen. Diese Bedenken rechtfertigen es, dem Rechte des Verlegers ausnahmsweise nicht auch die Verpflichtung folgen zu lassen. Der Verleger, der das Recht hat, eine neue Auflage zu veranstalten, ist daher nicht verpflichtet, von diesem Recht Gebrauch zu machen (§ 17 S. 1 VG.[129])). Die Entschließung hierüber ist in das freie Ermessen des Verlegers gestellt. Entscheidet er sich für die Herstellung der Auflage, so entsteht sogleich die Verpflichtung zur Herstellung sämtlicher Exemplare, wie oben besprochen, andernfalls erlischt sein Recht und der Verfasser wird frei. Da der Verleger nur berechtigt, nicht auch verpflichtet ist, der Ver-

[129]) Ebenso Schweiz. Obl.-R. Art. 380. Anders Ungarn § 522, 523, Bolivien Art. 19.

fasser aber so lange gebunden ist, bis der Verleger seine Weigerung erklärt hat, wäre der Verfasser völlig der Willkür des Verlegers preisgegeben, und ohne dessen Willen eine Neuauflage unmöglich. Deshalb gewährt § 17 S. 2 ff. dem Verfasser die Befugnis, dem Verleger zur Ausübung seines Rechts, weitere Auflagen zu veranstalten, eine angemessene Frist zu bestimmen und nach Ablauf dieser Frist von dem Vertrage zurückzutreten, wenn nicht die Veranstaltung rechtzeitig erfolgt ist. Die Bestimmung der Frist kann jederzeit erfolgen, auch wenn die vorhergehende Auflage noch gar nicht gedruckt ist; nur darf die Frist nicht eher enden, als der Verleger tatsächlich die Möglichkeit hat, die Absatzfähigkeit einer neuen Auflage zu schätzen, also regelmäßig erst, wenn die vorhergehende Auflage in der Hauptsache vergriffen ist, da die Frist sonst nicht „angemessen" wäre[130]). Beginnt der Verleger vor Ablauf der Frist mit der Vervielfältigung, so ist damit die Entscheidung gefallen; einer ausdrücklichen Erklärung dem Verfasser gegenüber bedarf es nicht, insbesondere kann der Verleger nicht mehr zurück. Umgekehrt bedarf es der Bestimmung einer Frist überhaupt nicht, wenn die Veranstaltung von dem Verleger verweigert wird. Wie die Sachlage auch liegt, ist es für den Verfasser doch von höchstem Interesse zu erfahren, wie der Absatz sich vollzieht und wann die Auflage verkauft sein wird, um gegebenenfalls das Werk zu einer Neuauflage umzuarbeiten. Deshalb ist es dem Verleger in § 29 Abs. 2 zur Pflicht gemacht, dem Verfasser auf Verlangen Auskunft darüber zu erteilen, ob die einzelne Auflage oder die bestimmte Zahl von Abzügen vergriffen ist; er muß ihm ferner vor Veranstaltung einer neuen Auflage Gelegenheit zur Vornahme von Änderungen geben (§ 121 VG.).

Die Beschränkung des Vervielfältigungsrechts des Verlegers ist nicht nur nach Auflagen, sondern auch nach Zeit möglich. Die übrigens in der Praxis sehr seltenen Verlagsverträge auf Zeit gestatten dem Verleger, innerhalb der Frist die Vervielfältigung (und Verbreitung) unbegrenzt vorzunehmen. Mit Ablauf der Frist erlischt sein Recht und endigt das Vertragsverhältnis; der Verleger

130) Vgl. Mittelstaedt-Hillig S. 71.

ist daher auch nicht einmal mehr zur Verbreitung der innerhalb der Frist hergestellten und vorhandenen Abzüge berechtigt (so § 29 Abs. 3 VG.).[131])

Innerhalb der Zeit darf er so viel Exemplare herstellen, wie er will, selbst zu dem Zweck, wie Kohler[132]) richtig hervorhebt, um sie später nach Erlöschen des Urheberrechts zu vertreiben. Eine Frage ist, inwieweit sich hier seine Verpflichtung erstreckt. Aus dem Inhalt des Verlagsvertrags ergibt sich, daß der Verleger wenigstens so viel Exemplare drucken zu lassen hat, als zu einem gehörigen Umsatz erforderlich sind.

Es sind hier nun noch einige Abweichungen zu erwähnen, die sich für Sammelwerke und periodische Sammelwerke, sowie für urheberrechtlich nicht geschützte Werke ergeben. 1. Auf Sammelwerke finden an sich alle obigen Grundsätze in der besprochenen Weise Anwendung. Aus der Natur und dem Zweck des Sammelwerks als eines aus den Beiträgen Verschiedener gebildeten geschlossenen Ganzen folgt jedoch, daß das Interesse des einzelnen Verfassers gegenüber dem aller übrigen Beteiligten zurücktreten und unter Umständen sein Beitrag zur Verbesserung des Ganzen ausgeschlossen werden muß. Daher gibt § 19 VG. dem Verleger die Befugnis, bei Herstellung neuer Abzüge — also nicht erst bei einer neuen Auflage, sondern wenn die Auflage in mehreren Partien gedruckt wird, schon bei der zweiten Partie — im Einverständnisse

---

[131]) Ein Verkauf des Auflagerestes vor Ablauf der Frist an einen Ramschhändler zum Vertrieb im Restbuchhandel auch nach dieser Zeit ist ausgeschlossen: denn wußte der Ramschhändler, daß der Verlagsvertrag nur auf Zeit geschlossen, so kann er die Exemplare nicht veräußern, da er das Eigentum an ihnen nur mit dieser Beschränkung erworben hat, widrigenfalls er eine Urheberrechtsverletzung beginge. Verschweigt es der Verleger, so erwirbt allerdings der Ramschhändler bezüglich der Exemplare, weil sie an sich rechtmäßig, d. h. vom Berechtigten im Rahmen seiner Verbreitungsbefugnis, verbreitet sind kraft seines guten Glaubens mit dem Eigentum an dem Exemplar das Recht der Weiterverbreitung, der Verleger aber macht sich einer Urheberrechtsverletzung schuldig. Hierüber ist später ausführlich zu sprechen. Ebenso, jedoch mit anderer Begründung Allfeld S. 114.

[132]) 1906, S. 327.

mit dem Herausgeber einzelne Beiträge wegzulassen. Der Herausgeber ist der geistige Schöpfer des Sammelwerkes, der durch die Auswahl und Bestellung der Aufsätze und durch die Anordnung der Reihenfolge der Beiträge die formgebende Tätigkeit entfaltet und deshalb nach § 4 UG. für das Sammelwerk als Ganzes als Urheber angesehen wird. Ist nun ein besonderer Herausgeber da — oft besorgt der Verleger diese Geschäfte selbst und deshalb gilt er schon als Herausgeber, wenn ein solcher nicht genannt ist —, so würde der Verleger durch Weglassung eines Artikels gegen seinen Willen das Urheberrecht des Herausgebers verletzen; er darf daher nur im Einverständnis mit dem Herausgeber handeln. Erfolgt nun die Herausgabe des Sammelwerkes unter Weglassung einzelner Teile, so werden die ausgeschalteten Beiträge frei und das Vertragsverhältnis mit deren Verfasser erlischt, und zwar unabhängig davon, ob es im Einverständnis mit dem Herausgeber geschah oder nicht.

2. Bei periodischen Sammelwerken sind die Bestimmungen über die Auflage, wie überhaupt über die Begrenzung des Vervielfältigungsrechts nicht anwendbar, da einerseits Zeitschriften überhaupt nicht in Auflagen erscheinen, die erforderliche Anzahl von Exemplaren vielmehr auf einmal gedruckt zu werden pflegt, anderseits die Nachfrage nach den einzelnen Nummern eine ganz verschiedene ist und daher dem Verleger eine größere Freiheit gewährt werden muß. Der Verleger ist demgemäß in der Zahl der von dem Sammelwerk herzustellenden Abzüge, die den Beitrag enthalten, nicht beschränkt (§ 43 VG.); er kann einzelne Hefte in Erwartung besonderer Nachfrage zu Tausenden drucken lassen, ebenso wie er ältere Hefte etwa für besondere Gelegenheiten neu drucken und verbreiten kann. Eine Verpflichtung zur Vervielfältigung des Werkes besteht, wie schon oben ausgeführt, in der Regel überhaupt nicht; ist dieselbe jedoch vom Verleger übernommen, so hat er so viel Exemplare des Sammelwerkes herzustellen, als zum ordnungsmäßigen Betriebe erforderlich ist.

3. Bei einem Verlagsvertrag über ein urheberrechtlich nicht geschütztes Werk besteht das Hauptinteresse des Verlegers darin, als erster möglichst viel Exemplare auf den Markt zu bringen, da

ihm gegen Dritte ein Verbietungsrecht **nicht** zusteht, vielmehr jeder zum Abdruck berechtigt ist. Aus diesem Grunde hat auch der Verfasser in der Regel kein Interesse daran, daß der Verleger an eine bestimmte Zahl von Exemplaren gebunden ist. Daher ist der Verleger befugt, das Werk in einer beliebig hohen Auflage zu vertreiben. Da nun bei gemeinfreien Werken jeder das Werk nicht nur vervielfältigen und verbreiten, sondern auch Bearbeitungen davon machen und in veränderter Form herausgeben kann, so wäre es unbillig, den Verleger, nachdem er bezüglich der ersten Auflage seiner Verpflichtung gerecht geworden ist, hinsichtlich der weiteren Vertreibung schlechter zu stellen als jeden Dritten. Daher ist der Verleger befugt, das von ihm veröffentlichte Werk gleich jedem Dritten von neuem unverändert oder mit Änderungen zu vervielfältigen, es sei denn, daß er sich ausdrücklich im Verlagsvertrage zur Enthaltung verpflichtet hat. Einer derartigen Vereinbarung steht es kraft gesetzlicher Vorschrift gleich, wenn nach dem Vertrage die Herstellung neuer Auflagen oder weiterer Abzüge von der Zahlung einer besonderen Vergütung abhängig ist. Dann ist der Verleger zur Einhaltung der allgemeinen, für Verlagsverträge über ein geschütztes Werk geltenden Vorschriften (§§ 5 ff. VG.) verpflichtet.

c) Korrektur.

Die Verpflichtung des Verlegers zur ordnungsmäßigen Vervielfältigung enthält auch die Pflicht, für die Korrektur zu sorgen. Auch bei sorgfältigstem Arbeiten sind Satzfehler fast unvermeidlich, daher ist eine mehrmalige Korrektur Voraussetzung für fehlerfreie Abzüge. Da nun der Verfasser selbst ein wesentliches Interesse an der genauen Wiedergabe seines Werkes hat, gleichzeitig bei der besonderen Vertrautheit mit dem Text am besten zur Korrektur befähigt ist, fragt es sich, ob und inwieweit er hierbei zur Mitwirkung berechtigt oder gar verpflichtet ist. Die erste Korrektur, die sog. Hauskorrektur, ist, wie von jeher allgemein anerkannt, lediglich Sache des Verlegers, weil zur Berichtigung der eigentlichen technischen Satzfehler Fachkenntnisse unentbehrlich sind[133]. Bezüg-

[133] Vgl. Voigtländer S. 216.

lich der zweiten oder, falls mehrere Korrekturen nötig sind, mindestens der letzten Korrektur hat man den Verfasser stets für berechtigt erachtet, eine Korrektur zu lesen und schließlich das Ganze vor dem Drucke nach erfolgter Korrektur zu revidieren. Nach Anschauung der Buchhändler ist aber der Verfasser auch verpflichtet, die Durchsicht der Korrekturbogen vorzunehmen; der Verleger habe einen Anspruch auf pünktliche, unverzügliche Besorgung der Korrektur, und erst nach Erfüllung dieser Pflicht sei ein etwaiges Honorar verdient. Es muß davon ausgegangen werden, daß der Verfasser das Werk in einem für die Vervielfältigung geeigneten Zustand abliefern muß. Ist dies geschehen, so läßt sich der Druck in der Regel auch ohne Mitwirkung des Verfassers bewerkstelligen, insbesondere fallen die Bedenken wegen Unleserlichkeit vieler Handschriften fort, da dann kein druckfreies Manuskript mehr vorliegen und die oben besprochenen Konsequenzen sich ergeben würden. Für einzelne, besonders schwierige Drucke können die Parteien ja stets etwas anderes vereinbaren, abgesehen davon, daß der Verfasser schon aus eigenem Interesse sich die Durchsicht nicht entgehen lassen wird. Im übrigen bedeutet solche Pflicht für den doch meist anderweitig noch sehr in Anspruch genommenen Verfasser eine schwere und oft gar nicht zu bewerkstelligende Aufgabe. Demgemäß erkennt das Verlagsgesetz auch nur ein Recht des Verfassers zur Durchsicht (Revision) an, nicht etwa eine Verpflichtung, diese vorzunehmen. Der Verleger hat dem Verfasser rechtzeitig einen Abzug (natürlich des korrigierten Satzes, zur Durchsicht vorzulegen und dem Verfasser dadurch Gelegenheit zu geben, irgendwelche die Art und Weise der Vervielfältigung betreffenden Mängel zu rügen und deren Beseitigung zu verlangen. Dies muß unter Umständen mehrmals geschehen. Da nun der Verleger das „Imprimatur" des Verfassers abwarten muß, der Verfasser jedoch zur Revision nicht gezwungen werden kann, muß sein Schweigen nach Ablauf einer gewissen Zeit als Genehmigung des Abzugs gelten. Der Vervielfältigung steht daher nichts mehr im Wege, wenn der Verfasser den Abzug binnen einer angemessenen Frist dem Verleger gegenüber nicht beanstandet hat. Alsdann hat der Verfasser sein Rügerecht verwirkt.

Nur bei periodischen Sammelwerken hat der Verfasser kein Recht zur Durchsicht des Probedruckes, da hier, und zwar insbesondere bei Zeitungen, das schnelle Erscheinen eines Beitrags vielfach gehindert werden würde. Soweit daher in einem Zeitschriftsverlage nicht etwas anderes Brauch ist (und daher als stillschweigend vereinbart gilt), braucht der Verleger dem Verfasser keinen Abzug zur Durchsicht vorzulegen. (§ 43 Abs. 2 VG.)

§ 9.

Die Verbreitung des Werkes.

a) Recht zur Verbreitung.

Entsprechend dem Recht auf Vervielfältigung steht dem Verleger in demselben Umfang das Recht zur Verbreitung der von ihm hergestellten Abzüge zu. Verbreitet er mehr Exemplare, als ihm vertragsmäßig zugebilligt sind, und zwar gleichgültig, ob sie von ihm über die zulässige Zahl vervielfältigt oder von einem Dritten .unrechtmäßig hergestellt sind, oder setzt er beim Verlagsvertrag auf Zeit die Verbreitung nach Ablauf der Frist noch fort, so begeht er eine Vertrags- und bei urheberrechtlich geschützten Werken eine Urheberrechtsverletzung. Wie wir oben gesehen, ist auch das (obligatorische) Recht des Verlegers auf Verbreitung im Zweifel ein ausschließliches, er kann also vom Verfasser Unterlassung jeglicher auf anderweitige Verbreitung gerichteten Handlung insoweit verlangen, als sie Dritten während der Dauer des Urheberrechts untersagt ist. Das bedeutet aber: Die Verbreitungsbefugnis ist ebenso wie die des Urhebers nur insoweit eine ausschließliche, als es sich um eine gewerbsmäßige Verbreitung handelt. (Vgl. § 11 UG.) Gewerbsmäßig ist die Verbreitung, wenn sie als Ausfluß einer auf fortgesetzten Erwerb gerichteten Tätigkeit erscheint[134]; geschieht also die Verbreitung außerhalb eines auf Verbreitung von Druckschriften gerichteten Gewerbebetriebes, so kann der Verleger dies nicht verbieten. Weiterhin

---

[134]) Vgl. Allfeld S. 113.

erstreckt sich die ausschließliche Verbreitungsbefugnis nicht auf das Verleihen; es bleibt also dem Verfasser wie jedem Dritten unbenommen, die rechtmäßig hergestellten Exemplare auch gewerbsmäßig zu verleihen[135]).

b) Pflicht zur Verbreitung.

Die dem Verlagsvertrag wesentliche Verpflichtung zur Verbreitung kann natürlich nur bedingt in demselben Umfang wie die Verpflichtung zur Vervielfältigung aufgestellt werden; hier spielen außerhalb der Machtsphäre des Verlegers liegende Faktoren mit; man kann daher dem Verleger nur zur Pflicht machen, alles daran zu wenden, um möglichst viele der von ihm herzustellenden Exemplare abzusetzen. — Was den Beginn der Verbreitung betrifft, so hat er in dem für das betreffende Werk günstigsten Zeitpunkt zu erfolgen. In der Regel wird dies der früheste sein, und der Verleger hat dann mit der Verbreitung zu beginnen, sobald er den Druck vollendet oder eine zum Vertriebe genügende Anzahl von Exemplaren hergestellt hat. Unter Umständen wird sich jedoch aus dem Zweck des Werkes und den ganzen Verhältnissen ein anderer Zeitpunkt für die Veröffentlichung ergeben, z. B. für eine Jubiläumsschrift der betreffende Festtag, insbesondere muß auch in der richtigen Jahreszeit, bei Kinderbüchern z. B. nicht kurz nach Weihnachten, mit der Vervielfältigung begonnen werden. Doch muß dies dem Verleger überlassen bleiben, da er allein hierfür den richtigen Blick hat.

c) Art und Weise der Verbreitung.

Der Vertrieb hat in der zweckentsprechenden und üblichen buchhändlerischen Weise zu geschehen. Der Verleger tritt nur in den seltensten Fällen in direkte Beziehungen zum Publikum; vielmehr verbreitet er sein Verlagswerk durch Vermittelung des Sortimentsbuchhändlers, bei manchen Werken, wie z. B. Lieferungs-

[135]) Z. B. wenn der Verfasser vor Abschluß des Verlagsvertrags Exemplare hatte drucken lassen, indem er das Werk zuerst im Selbstverlag herausgeben wollte.

werken, auch des Kolportagebuchhandels[136]). Der Verleger zeigt das Erscheinen des Werkes den Wiederverkäufern durch Aufnahme des Titels in dem amtlichen Bücherverzeichnis des Börsenblattes für den deutschen Buchhandel, durch besondere Ankündigung in diesem Blatt und in anderen buchhändlerischen Anzeigeblättern oder durch besonderes Rundschreiben an. Auf Bestellung des Sortimenters übersendet dann der Verleger eine Partie Exemplare meist à condition, d. h. der Sortimenter vertreibt das Werk selbständig, gibt aber alles, was bis zur nächsten Ostermesse nicht verkauft, zurück und rechnet mit dem Verleger ab. Zu solchen bedingten Sendungen ist jedoch der Verleger nur insoweit verpflichtet, als es sein Vorrat, die Kreditwürdigkeit des Sortimenters und seine allgemeinen Grundsätze gestatten. Häufig fordert der Zweck und die Natur des Werkes, auch die Lesewelt direkt auf das Werk aufmerksam zu machen. Hier gehören entsprechende Besprechungen, sowie Anzeigen in der Presse und in maßgebenden Zeitschriften zur ordnungsmäßigen Verbreitung; mindestens hat jedenfalls der Verleger größeren Redaktionen auf ihr Erfordern zu diesem Zweck ein Exemplar zur Verfügung zu stellen[137]). Eine Mitwirkung des Verfassers in diesem Punkte kann nur im einzelnen Fall vertraglich ausgemacht werden.

Der Vertrag mit dem Sortimenter ist ein besonderer Kaufvertrag oder, falls à condition, eine Art Trödelvertrag (contractus aestimatorius), bei welchem dem Zweck des Vertrages entsprechend, der Sortimenter sich stets zum Vertrieb verpflichtet. Eine ganz andere Natur dagegen trägt der sog. Ramschverkauf. Der Ramsch- oder Restbuchhändler kauft den Restvorrat zu einem herabgesetzten Preis auf, ohne die Verpflichtung zur Verbreitung zu übernehmen. Abgesehen davon, daß eine solche Maßregel an sich geeignet wäre, dem Rufe des Werkes zu schaden[138]), muß die Verramschung eben deshalb als ein Verstoß gegen die Verbreitungspflicht angesehen werden, weil dies ein reiner Kaufvertrag ist, durch den sich der Verleger des Rechts und der Pflicht zu eigener Ver-

[136]) Vgl. hierzu und zu folgendem Voigtländer S. 209 ff.
[137]) Vgl. Schweiz. Obl.-R. Art. 378 Abs. 1.
[138]) Vgl. Österriet. Bem. S. 48.

breitung begibt. Der Ramschverkauf steht auf derselben Stufe wie die Vernichtung (Makulierung) des Auflagerestes. Zu beiden ist daher der Verleger nur dann befugt, wenn er begründetermaßen einen Verkauf der noch vorhandenen Exemplare nicht mehr erwarten kann; auch dann wird der Verleger jedoch gut tun, vorher dem Verfasser von seiner Absicht Mitteilung zu machen, namentlich im Hinblick auf das Auskaufsrecht des Verfassers nach § 26 VG. (siehe später).

d) Preis.

Es ist eine hochbedeutsame und geradezu erhabene Eigentümlichkeit des deutschen Buchhandels, daß jedes neu in Verkehr kommende Buch einen festen Preis hat, zu dem es an das Publikum verkauft werden darf, sog. Ladenpreis, und die Sortimenter ihn innehalten müssen. Die Bestimmung dieses Ladenpreises steht für jede Auflage dem Verleger zu; dies ist allgemein anerkannt und mit Rücksicht darauf, daß die Veröffentlichung des Werkes auf seine Rechnung erfolgt, er auch allein befähigt ist, die oft überaus schwierige Preisbestimmung durch richtige Berechnung und Verbindung aller Unkosten mit der Kaufkraft der in Frage kommenden Kreise zu besorgen, durchaus gerechtfertigt. Insoweit sich also der Verfasser nicht im Vertrage das Recht zur Mitwirkung bei der Preisfestsetzung hat zusichern lassen, hat er auf sie keinerlei Einfluß. Nur dann wäre ein Widerspruch des Verfassers möglich, wenn der Preis so hoch bemessen, daß er dem Absatz des Werkes hinderlich wäre, denn dies widerspricht der Pflicht zur ordnungsmäßigen Vertreibung [139]).

Die Preisbestimmung bindet den Verleger nur für die eine Auflage; bei jeder neuen Auflage kann er den Preis nach Gutdünken neu normieren, gegen die vorhergehende erhöhen oder erniedrigen, ohne an die Zustimmung des Verfassers gebunden zu sein. Etwas anderes ist es, wenn der Verleger innerhalb einer Auflage den einmal angesetzten Preis ändern will; und zwar gilt

---

[139]) Einige Gesetze betonen dies besonders. So Sächs. BGB. § 1141, Ungarn HGB. Art. 520 a. E.; Schweiz. Obl.-R. Art. 378; Bulgarien im BGB. Art. 437.

folgendes: Die Ermäßigung des Ladenpreises ist dem Verleger nur gestattet, soweit nicht berechtigte Interessen des Verfassers verletzt werden. In Betracht kommt hierbei vor allem, daß das Ansehen eines Werkes durch Herabsetzung des Preises, also gewissermaßen ein Eingeständnis seiner Minderwertigkeit oder doch mindestens Unverkäuflichkeit zu dem festgesetzten Preise, geschädigt werden könnte. Geschieht die Herabsetzung ohne triftigen Grund, so werden allerdings in diesem Sinne berechtigte Interessen des Verfassers verletzt. Für den Verleger bedeutet aber die Ermäßigung des Preises eine Verminderung des Gewinnes am einzelnen Exemplar; nur wenn er dem eisernen Gesetz von Angebot und Nachfrage sich beugen und durch Herabsetzung des Preises überhaupt die Verkäuflichkeit des Werkes ermöglichen muß, wird er sich also hierzu entschließen. Dann aber kann von einem entgegenstehenden berechtigten Interesse des Verfassers nicht mehr die Rede sein, da der Absatz des Werkes das wichtigste sein muß[140]). Die schroffste Preisherabsetzung liegt im Ramschverkauf; über dessen Unzulässigkeit ist jedoch oben schon gesprochen worden.

Zur Erhöhung des Ladenpreises bedarf der Verleger stets der Zustimmung des Verfassers; hier ist er also durch die Ansetzung des Preises dem Verfasser gegenüber rechtlich gebunden. Der Grund ist der, daß die Preiserhöhung die Absatzfähigkeit des Werkes zu schmälern geeignet ist und dadurch vom Verleger eine ihm vielleicht versagte Neuauflage verhindert werden könnte, vor allem aber durch einseitige Erhöhung das dem Verfasser nach § 26 VG. eingeräumte Recht zum Aufkauf der Exemplare vom Verleger stark beeinträchtigt, wenn nicht vereitelt werden könnte.

Dem Verfasser ist nämlich in § 26 VG. ein Vorzugspreis zugebilligt worden, indem der Verleger die zu seiner Verfügung stehenden Abzüge des Werkes zum niedrigsten Preise, für welchen er das Werk im Betriebe seines Verlagsgeschäftes abgibt, dem

---

140) Der Ansicht mancher Schriftsteller, z. B. Allfeld S. 479, daß es billiger wäre, eine Preisänderung nur auf Grund gemeinschaftlicher Vereinbarungen erfolgen zu lassen, kann nicht beigetreten werden. Der Verfasser hat immer ein Interesse daran, daß die Preise hoch gehalten werden; er wird also nie einer Preisherabsetzung das Wort sprechen.

Verfasser, soweit dieser es verlangt, zu überlassen hat. Im Innenverhältnis ist der Verleger nur das Organ des Verfassers, welches für ihn die bestimmungsgemäße Verwertung des Geisteswerkes besorgt. Gebraucht nun der Verfasser mehr Exemplare als ihm als Freiexemplare zustehen, so wäre es unbillig, ihn an die Sortimenter zu verweisen und so eine zum Betriebe nach außen bestimmte Person im Verkehr zwischen Verfasser und Verleger dazwischenzuschieben; ebenso widersinnig wäre es, wenn der Verleger den Ladenpreis fordern und so den Sortimentergewinn für sich einziehen dürfte. Daher darf der Verleger nur denjenigen Preis fordern, zu welchem er das Werk an den Sortimentsbuchhandel im allgemeinen abgibt. Nur den niedrigsten Preis, der im Betriebe seines Verlagsgeschäfts zur Anwendung kommt, kann der Verfasser für sich beanspruchen, daher kommen gewisse Ausnahmevergünstigungen, wie ein besonders niedriger Preis z. B. für ein Probeexemplar oder gar Stundungen des Kaufpreises, nicht in Betracht, wohl aber die Lieferung von Freiexemplaren an den Sortimenter, da dies, wie schon oben hervorgehoben, nur eine besondere Form der Rabattbewilligung ist. Rechtlich gestaltet sich das Verhältnis also so, daß der Verleger auf Grund des Verlagsvertrags verpflichtet ist, dem Verfasser die gewünschte Anzahl von Exemplaren zum Buchhändlerpreis zu verkaufen, und durch die formlose Erklärung des Verfassers, daß er von seinem Rechte Gebrauch mache, bezüglich der verlangten Exemplare das Kaufverhältnis zustande kommt.

Das Recht des Verfassers erstreckt sich auf alle Abzüge, die zur Verfügung des Verlegers stehen; hierzu gehören insbesondere auch die von den Sortimentsbuchhändlern noch nicht verkauften Konditionsexemplare.

Es fragt sich nun, in welchem Umfang der Verfasser diese Überlassung der Exemplare verlangen darf und ob sich aus dem Wesen des Verlagsverhältnisses natürliche Schranken seines Rechts ergeben. Die Frage ist in Literatur und Rechtsprechung sehr bestritten. Nach den einen hat der Schriftsteller das Recht, nur zum rein persönlichen Bedarf, wozu jedoch auch der Bedarf des Schenkens gerechnet wird: also z. B. zu Schenkungen an Freunde oder maßgebende Personen, um deren Gunst z. B. für das Werk zu erwerben, jedoch auch zwecks Aufkauf des gesamten Auflagerestes, sofern der Verfasser das Werk makulieren will, sei es, um es überhaupt zurückzuziehen oder eine neue Auflage zu veranstalten. Nach den anderen aber ist der Verfasser auch berechtigt, zu anderen, nicht lediglich persönlichen, sondern auch idealen Zwecken, wie insbesondere zur entgeltlichen Weiterveräußerung, die Überlassung der Bücher zu verlangen, sofern solche Verbreitung nur nicht gewerbsmäßig geschieht. Darnach ist auch ein Dozent z. B. befugt, von dem Verleger Exemplare zum Buchhändlerpreise zu verlangen, um sie ohne Aufschlag an seine Hörer abzugeben. Hiergegen wird insbesondere geltend gemacht, daß durch solche Ausdehnung des Aufkaufsrechts des Verfassers die Einheitlichkeit des Vertriebes gestört, vor allem aber der im regelmäßigen Verkehr unentbehrliche Vermittler zwischen Verleger und Publikum, der Sortimenter, sehr geschädigt, der Sortimentshandel bezüglich der Lehr- und Schulbücher geradezu untergraben und dadurch indirekt dem Verleger ein Schaden zugefügt würde, weil dieser das Interesse seines ganzen Verlagsgeschäftes im Auge haben müsse[141]). Abgesehen davon, daß eine solche Schädigung des Verlegers durchaus nicht der Wirklichkeit entspricht, da auf der anderen Seite durch den Bezug der Exemplare für die Hörer der Absatz gefördert wird, und der Verleger nur an dem Vertriebe selbst, nicht aber an einer bestimmten Art und Weise desselben ein Interesse hat, ist die Einwendung sowohl einer Schädigung des Verlegers selbst (da höchstens sein sonstiges Verlagsgeschäft leiden könnte) als einer Schädigung des Sortimentsbuchhandels eine exceptio ex iure tertii, das Interesse seines sonstigen Verlages kann der Verleger einem Verfasser nie entgegenhalten, wenn es sich um ein die Verbreitung dieses speziellen Werkes förderndes Geschäft handelt, und der Sortimenter ist ein tertius, der vollständig außerhalb des Verlagsverhältnisses steht. Wenn Kohler[142]) argumentiert, daß der Verfasser durch Weiterveräußerung gegen Entgelt über das Gebiet des Persönlichen hinaus handelt und damit in ein Gebiet hinein-

[141]) Vgl. Entsch. d. OLG. Dresden 7. Zivilsenat v. 10. Februar 1905 in Zeitschr. für Rechtspfl. in Bayern, Jahrg. 1 Nr. 6, S. 249.

[142]) 1906, II. S. 313/314.

greift, welches bestimmungsgemäß dem Sortimentsbuchhandel angehört, so übersieht er u. E., daß das hier allein maßgebende Verlagsgesetz diese innere Organisation des Buchhandels überhaupt nicht regelt, und auch sonst ein ausschließliches Vertriebsrecht des Sortimentsbuchhandels etwa gewohnheitsrechtlich nirgends anerkannt ist. Somit ist mit dem Reichsgericht[143]) die Kernfrage nur darin zu erblicken, ob in der entgeltlichen Veräußerung zum von ihm selbst entrichteten Buchhändlerpreise, also ohne Gewinn, eine gewerbsmäßige Verbreitung zu erblicken sei oder nicht, da nur dadurch das Verbreitungsrecht des Verlegers verletzt werden würde und nur an diesem das Recht des Verlegers aus § 26 seine Schranke findet. Dies ist aber zu verneinen. Daher kann der Verfasser ohne weiteres beliebig viel Exemplare verlangen, gleichgültig, zu welchem Zweck, und bei Aufkauf der ganzen und dem Verleger allein zustehenden Auflage die Abzüge auch gewerbsmäßig verbreiten, da dann das Recht des Verlegers erloschen ist.

§ 10.

Die Vergütung.

Wir haben schon früher dargetan, daß die Verpflichtung zur Honorarzahlung kein begriffswesentlicher Bestandteil des Verlagsverhältnisses ist, da gar vielfach der Verleger die Überlassung des Geisteswerkes seitens des Verfassers mit der Übernahme der Veröffentlichung auf eigene Rechnung teuer genug bezahlt und deshalb mitunter sogar ein Teil der Vervielfältigungskosten vom Verfasser getragen wird. Immerhin spielt aber die Honorarfrage im praktischen Leben eine Hauptrolle und wird daher fast immer von den Parteien im Verlagsvertrage geregelt. Ist nun eine Vergütung ausgemacht worden, so ist der Verleger verpflichtet, sie dem Verfasser zu zahlen. Bezüglich der Art der Vergütung bestehen keinerlei Schranken; sie kann also nicht nur in Geld oder Sachen,

---

[143]) Entsch. v. 14. Oktober 1905 in Revision des oben zitierten Berufungsurteils (Monatsschrift für Handelsrecht, XV, S. 70); vgl. auch Schulz in Zeitschrift für Rechtspflege in Bayern, Jahrg. I Nr. 15--16, S. 334 ff.

wie in Gewährung einer besonderen Anzahl von Freiexemplaren sondern auch in Übertragung von Forderungen bestehen. Eine Vergütung kann aber nicht nur ausdrücklich, sondern auch stillschweigend vereinbart werden. Eine Vermutung für eine stillschweigende Bedingung der Honorarleistung ist fast nirgends anerkannt[144]), vielmehr gilt nur dann eine Verpflichtung als stillschweigend vereinbart, wenn die Überlassung des Werkes den Umständen nach nur gegen eine Vergütung zu erwarten ist (§ 22 Abs. 1 S. 2 VG.)[145]). In diesem Fall ist sie jedoch in Geld zu entrichten, und zwar ist eine angemessene Vergütung als bedungen anzusehen. Maßgebend für diese Fragen sind die Verkehrssitten und vor allem die Übungen der speziellen Verlagsanstalt. Dies gilt insbesondere für Zeitschriften und Zeitungen; diese geben oft den Honorarsatz allgemein bekannt, so daß er im Zweifel als bedungen anzusehen ist, mindestens dann, wenn der Verfasser ständiger bezahlter Mitarbeiter ist. Im übrigen ist aus der Güte und wissenschaftlichen Bedeutung eines Werkes (namentlich im Zeitschriftenverlag) nicht unbedingt auf eine Vergütung zu schließen, da die oft gerade zu ihr im Gegensatz stehende Absatzfähigkeit des Werkes ausschlaggebend ist und nicht jeder Verlag dem Interesse der Wissenschaft pekuniäre Opfer zu bringen vermag. Hat der Verleger die Anregung zu dem Werke gegeben, dann wird in der Regel ein Honorar anzunehmen sein.

Die Berechnung der Vergütung erfolgt in der verschiedensten Weise: Bei Zeitschriften und Zeitungen meist nach der Zahl der Zeilen, zu den in dem Verlag üblichen Sätzen; im Musikalienverlag wird die Vergütung regelmäßig als Pauschalsumme, im Buchverlag außerdem auch nach der Zahl der Druckbogen, dem Umfange der Vervielfältigung oder nach dem Absatz vereinbart, wobei wieder als Grundlage für die Berechnung ein fester Satz für jedes abgesetzte Exemplar oder ein gewisser Prozentsatz des Gewinnes (in

---

[144]) Ausgenommen nur im Bergerschen Entwurf S. 37.

[145]) So schon Zürich Privatrecht, Ges. bei § 1607, Sachsen BGB. §§ 1143, 820; Bayern, Entwurf Art. 849; Entwurf für den deutschen Bund Art. 721 und die gemeinrechtliche Literatur, ebenso Bulgarien Art. 444, Ungarn HGB. § 525; Schweiz. Obl.-R. Art. 383.

Abhängigkeit von der Höhe des Preises!) möglich ist. Ist das Honorar nach der Zahl der Druckbogen bemessen, so werden in der Regel alle die Zahl beeinflussenden Momente, wie Format und Schrift, sogar auch die Zahl der Druckbogen, selbst im Verlagsvertrage vereinbart, ebenso wie der Ladenpreis der Exemplare, wenn die Vergütung von ihm abhängen soll. Ist die Bogenzahl vertragsmäßig festgesetzt und wird diese Grenze vom Verfasser in erheblicher Weise überschritten, indem die Erschöpfung des Themas eine viel umfangreichere Arbeit erforderte, als er ursprünglich erwartet hatte, so kann man zweifeln, ob dem Verfasser auch für den diese Zahl überschreitenden Teil des Werkes ein Anspruch auf Honorar zusteht. Die Verlagsordnung der Buchhändler (§ 19) verneint es[146]). Das Verlagsgesetz enthält keine solche Beschränkung; daher ist der Verleger mangels besonderer Abmachungen verpflichtet, die Vergütung nach der wirklichen Bogenzahl zu gewähren, wenn er nicht überhaupt die Leistung des Verfassers als vertragswidrig zurückweisen und die ihm deshalb zustehenden Rechtsschutzmittel aus §§ 31, 30 VG. (vgl. oben) geltend machen will. Auch wenn die Vergütung nach der Anzahl der abgesetzten Exemplare bemessen und der Verfasser so an der Gewinnchance beteiligt wird, liegt ein reiner Verlagsvertrag, nicht etwa ein Gesellschaftsvertrag vor, da lediglich der Verleger das Verlagsgeschäft betreibt und alleiniger Eigentümer der Abdrücke wird, insbesondere auch allein die Verluste trägt, wenn die Einnahmen die Herstellungskosten nicht decken. Nur insofern findet diese Abmachung eine natürliche besondere Regelung, als der Verleger jährlich dem Verfasser für das vorangegangene Geschäftsjahr Rechnung zu legen und ihm, soweit es für die Prüfung speziell des Absatzes der Exemplare erforderlich ist, die Einsicht seiner Geschäftsbücher zu gestatten hat (§ 24 VG.). Wann dieser Zeitpunkt der Abrechnung ist, richtet sich im Zweifel danach, wann der Verleger die ihm nach §§ 39—41 HGB. gesetzlich obliegende Bilanz aufzustellen pflegt, mit der er sein Geschäftsjahr schließt; in den meisten Verlagsgeschäften wird er in einen der Ostermeßabrechnung nächstfolgenden Monate fallen[147]).

[146]) Ebenso Ungarn HGB. § 526.

[147]) Vgl. Voigtländer S. 226.

Was nun die Fälligkeit der Vergütung anbelangt, so hängt sie ganz von der Art und Weise ab, wie die Vergütung bestimmt ist. Ist die Vergütung im Verlagsvertrag als bestimmte vermögenswerte Leistung vereinbart, so ist sie bei der Ablieferung des Werkes, also Zug um Zug, zu entrichten: hierbei ist aber zu beachten, daß die Vertragsmäßigkeit Voraussetzung der Erfüllung der Verpflichtung des Verfassers ist und diese vom Verleger anerkannt sein muß, in welcher Hinsicht wir auf unsere früheren Ausführungen verweisen; erst dann ist die Vergütung fällig!

Ist dagegen die Höhe der Vergütung unbestimmt und erst der angemessene Betrag zu ermitteln, oder hängt sie von dem Umfang der Vervielfältigung, insbesondere von der Zahl der Druckbogen ab, so läßt sich der Betrag erst nach Beendigung der Vervielfältigung feststellen, daher wird die Vergütung erst fällig, sobald das Werk vervielfältigt ist (§ 23 VG.). Erscheint das Werk in Abteilungen, so wird in der Regel nach Fertigstellung eines Teiles der entfallende Teil des Honorars zu bezahlen sein; doch kann sich aus den Umständen auch etwas anderes ergeben[148]). Richtet sich die Vergütung nach dem Absatz, so ist sie jahresweise zu bezahlen (§ 24).

Ein besonderer Brauch besteht nur bei Zeitungen und Zeitschriften: hier ist die Zahlung der Vergütung zu gewissen Fristen (monatlich, vierteljährlich) üblich, da öftere Abrechnungen zu umständlich wären; wer sofortige Zahlung wünscht, muß sich das vorher ausbedingen[149]).

Bei Neuauflagen gilt auch für die Vergütung der oben besprochene Grundsatz: Wenn nichts anderes abgemacht und sich insbesondere auch aus den Umständen nichts anderes ergibt (z. B. bei Berechnung nach Zahl der Druckbogen eine Änderung der Anzahl bei der neuen Auflage!), gelten für eine neue Auflage die gleichen (ausdrücklichen oder stillschweigenden) Abreden wie für die vorhergehende (§ 5 Abs. 1)[150]).

---

[148]) Vgl. Ungarn HGB. § 527; Bulgarien Art. 444; anders Schweiz. Obl.-R. Art. 385; wo die Fälligkeit stets erst bei Vollendung des Drucks und Ausgabefähigkeit des Werkes eintritt.

[149]) Vgl. Voigtländer S. 226.

[150]) Vgl. Schweiz. Obl.-R. Art. 384, Ungarn HGB. Art. 521, Bulgarien Art. 438.

§ 11.
Folgen der Nicht- oder nicht gehörigen Leistung des Verlegers.

Wie der Verleger vom Verfasser vertragsmäßige Erfüllung seiner Pflichten verlangen kann, so steht auch dem Verfasser ein Anspruch auf vertragsmäßige Vervielfältigung und Verbreitung zu. Daher gewährt das Gesetz dem Verfasser gegen nicht vertragsmäßige Erfüllung dieselben Schutzmittel wie dem Verleger, d. h. es finden zugunsten des Verfassers die oben zur Darstellung gebrachten Vorschriften des § 30 entsprechende Anwendung (§ 32 VG.). Kommt der Verleger mit seiner Leistung in Rückstand, oder verletzt er sonst eine der im Verlagsvertrag vereinbarten oder mangels dessen kraft Gesetzes geltenden Vorschriften, so steht ihm statt des Anspruchs auf Erfüllung das Recht zu, nach fruchtlos gesetzter Frist, unter gewissen Umständen auch ohne sie, vom Vertrage zurückzutreten.

Da mit Rücksicht auf § 30 Abs. 3 VG. immer nur erhebliche Vertragsverletzungen in Frage kommen, hat diese Befugnis für den Verfasser eine außerordentliche Bedeutung und wird meist der Verfolgung des Erfüllungsanspruchs vorgezogen werden, indem eine Störung des Vertrauens zum Verleger das Verlagsverhältnis geradezu unmöglich macht und die Fortsetzung des Vertrages dem Werke höchst unzuträglich wäre. Es ist dabei zu beachten, daß das Rücktrittsrecht des Verfassers ein Verschulden des Verlegers nicht voraussetzt, vielmehr im Falle des Verzugs die hieraus gemäß § 326 BGB. erwachsenden Rechte, insbesondere der Schadenersatzanspruch, hinzukommen. Im übrigen ist insbesondere bezüglich der Wirkungen des Rücktritts auf unsere obigen Ausführungen zu verweisen.

§ 12.
Besondere zur Lösung des Verlagsverhältnisses berechtigende Gründe.

Das Verlagsverhältnis steht in so engem Zusammenhang mit außerhalb der Parteien liegenden Ereignissen mannigfaltigster Art und berührt gleichzeitig so tief die Person der Vertragschließenden, insbesondere des Schriftstellers, daß die Umstände, welche zu der geistigen Schöpfung die Veranlassung gaben, wie alle möglichen sonstigen Voraussetzungen auf seine rechtliche Gestaltung nicht ohne Einfluß bleiben können. In gewissem Umfang muß daher ausnahmsweise der Eintritt von Umständen, die auch nur geheime und nicht im Vertrag als Bedingung zum Ausdruck gekommene Voraussetzungen bildeten, Verleger wie Verfasser zur Lösung des Verlagsverhältnisses berechtigen.

I. Fällt der Zweck, welchem das Werk dienen sollte, nach Abschluß des Verlagsvertrags fort, sei es, daß es sich um eine Jubiläumsschrift handelt und die Feier wegen vorherigen Ablebens des Jubilars wegfällt, oder eine staatliche Einrichtung in der Schrift bekämpft wird und diese vor dem Erscheinen des Buches abgeschafft oder ein Kommentar zu einem Gesetz geschrieben und dieses unerwarteterweise aufgehoben und durch ein neues ersetzt wird, so verliert das Werk seine spezielle Bedeutung, und es wäre widersinnig und ungerecht, den Verleger zur Erfüllung seiner Pflichten zu zwingen. Daher kann der Verleger das Vertragsverhältnis kündigen, mit der Wirkung, daß der Verfasser die freie Verfügung über das Werk zurückerhält und der Verleger von seiner Verpflichtung zur Vervielfältigung und Verbreitung entbunden ist. Nur der Anspruch des Verfassers auf die Vergütung bleibt unberührt; und zwar ist sie kraft besonderen Rechtes sofort fällig, unabhängig davon, ob das Werk dem Verleger schon abgeliefert oder überhaupt noch nicht fertiggestellt ist[151]). In analoger Anwendung des § 649 S. 2 BGB. muß sich jedoch der Verfasser dasjenige anrechnen lassen, was er infolge der Aufhebung des Vertrags an Aufwendungen erspart oder durch anderweitige Verwendung seiner Arbeitskraft erwirbt oder zu erwerben böswillig unterläßt. Selbstverständlich ist nur der Wegfall des idealen Zwecks, welchem das Werk dienen sollte, nicht etwa die später sich herausstellende Unverkäuflichkeit desselben, ein Kündigungsgrund, da dieses Risiko in der Natur jedes Verlagsgeschäftes liegt. Die Berechtigung der Kündigung hat im Prozeß der Verleger zu beweisen.

---

[151]) Anders Bulgarien HGB. Art. 448; Ungarn HGB. Art. 531.

Ebenso liegt der Fall, wenn Gegenstand des Verlagsvertrags ein Beitrag zu einem Sammelwerk ist und die Vervielfältigung des Sammelwerkes unterbleibt. Hier gilt der Vertrag unter der Voraussetzung abgeschlossen, daß das Sammelwerk zustande kommt; tritt dies nun nicht ein, so ist der Verleger ohne weiteres zur Kündigung wie oben berechtigt.

II. Liegt die Berechtigung des Kündigungsrechts des Verlegers, vom legislatorischen Standpunkt aus betrachtet, in der Rücksicht auf das pekuniäre Interesse des Verlegers, so beruht das Rücktrittsrecht des Verfassers auf der Rücksicht auf die Person des Verfassers, auf seine moralische und literarische Verantwortlichkeit für den Inhalt des Geisteswerkes wie seine äußere Lebensstellung. Es können nach Abschluß des Verlagsvertrags Umstände eintreten, durch welche das Werk seine bisherige Bedeutung für den Verfasser verliert und vielleicht dadurch sein Erscheinen das wissenschaftliche oder gesellschaftliche Ansehen des Verfassers gefährden könnte, z. B. wenn neue Erfindungen seine Darstellungen überholt haben oder eine Kampfschrift gegen eine Person, in deren geschäftliche Abhängigkeit der Verfasser plötzlich gekommen ist, oder, wie Kohler[152]) hervorhebt, „wenn der Verfasser selbst, der als Privatmann geschrieben hat, eine öffentliche Stellung erlangt, welche seiner Darstellung einen ganz anderen Sinn verschaffen und darum seine Wirksamkeit für Staat und Volk beeinträchtigen, ja das Gemeinwesen schädigen könnte, weil das Leben vom Staatsmann eine Menge von Zugeständnissen verlangt, welche eine wissenschaftliche Darstellung, so lange die Dinge nicht brennend werden, als „quantités négligeables“ behandeln darf“. Hier ist der Verfasser berechtigt, vom Verlagsvertrage zurückzutreten, jedoch nur unter folgenden zwei Voraussetzungen:

1. Die Vervielfältigung (nicht erst die Verbreitung)[153]) darf noch nicht begonnen haben.

---

[152]) 1906 S. 321/22.

[153]) Dies wird mit Recht von Kohler, I S. 320 ff. getadelt; das schutzbedürftige Interesse des Verfassers geht auf Nichtveröffentlichung und fällt daher erst mit dem Erscheinen des Werkes, d. h. mit dem Beginn der Verbreitung!

2. Die Umstände, die das Rücktrittsrecht begründen, müssen solche sein, die bei dem Abschlusse des Vertrags nicht vorauszusehen waren und den Verfasser bei Kenntnis der Sachlage und verständiger Würdigung des Falles von der Herausgabe des Werkes zurückgehalten haben würden. Es genügt hiernach nicht, daß nur der Verfasser die sich vorbereitende Änderung der Verhältnisse vielleicht nicht durchschaut hat, vielmehr müssen die Umstände objektiv voraussehbar gewesen sein; im Fall der Fahrlässigkeit hat er die ganzen Folgen zu tragen. Wie oben schon angedeutet, müssen die Verhältnisse sich so geändert haben, daß bei dieser Sachlage die Herausgabe des Werkes sowohl nach dem subjektiven Willen des Verfassers, wie nach objektiver verständiger Würdigung des Falles als untunlich unterblieben wäre. Nur die Herausgabe des Werkes überhaupt, nicht etwa gerade bei diesem Verleger, ist Gegenstand der Erörterung; persönliche, wenn auch berechtigte Abneigung gegen den anderen Kontrahenten soll weder für Verleger noch für Verfasser einen Grund zur Auflösung des Verlagsverhältnisses abgeben.

Da eine Neuauflage sich stets als eine selbständige Herausgabe des Werkes darstellt, so können alle diese Umstände sich auch vor einer solchen ergeben. Ist daher der Verleger befugt, eine neue Auflage zu veranstalten, so finden diese Grundsätze für die Auflage entsprechende Anwendung.

Der Rücktritt erfolgt durch Erklärung gegenüber dem Verleger. Was nun die Wirkung des Rücktritts anbelangt, so ergeben sich zunächst die allgemeinen Folgen, wie in allen Fällen des Rücktritts, also vor allem die Aufhebung aller vertraglichen Rechte und Verpflichtungen. Da aber der Verleger unter Umständen schon Vorbereitungen in Erfüllung seiner Pflicht getroffen und dadurch Aufwendungen gemacht hat, so ist ihm der Verfasser zum Ersatze der Aufwendungen verpflichtet. Zum weiteren Schadenersatz, insbesondere zur Erstattung des entgangenen Gewinns, besteht natürlich keine Veranlassung, weil das Werk überhaupt nicht veröffentlicht wird, daher auch der Verfasser aus der geistigen Schöpfung keine Vorteile zieht. Gerade die Erwägung dieser Billigkeitsrücksichten führte aber dazu, anderseits dem Verfasser zur Pflicht zu machen, für den Fall, daß er doch nachträglich das Werk herausgeben will, die Wiederanknüpfung mit dem Verleger zu versuchen, um den alten Vertrag wieder aufleben zu lassen. Die Voraussetzungen, die den Rücktritt herbeiführten, können wegfallen oder sonst irgend welche Umstände den Verfasser zu dem Entschluß bringen, trotz allem das Werk zu veröffentlichen. Hatte vorher der Verleger vor den persönlichen Interessen des Verfassers zurücktreten müssen, so verlangt es die Billigkeit, daß der Verfasser nun seinerseits Rücksicht auf den Verleger nimmt und ihm Gelegenheit gibt, sich den erhofften Gewinn zu verdienen. Mindestens muß dies so lange gelten, als noch nicht zu lange Zeit darüber verstrichen und die alten Beziehungen noch nicht völlig in Vergessenheit geraten sind. Da an sich der Vertrag durch den Rücktritt erloschen ist, ließe sich ein klagbarer Anspruch des Verlegers auf nachträgliche Überlassung des Werkes zur Vervielfältigung und Verbreitung nicht gut konstruieren. Gibt aber der Verfasser das Werk nachträglich anderweitig heraus, ohne dem Verleger die nunmehrige Ausführung vorgeschlagen zu haben, so fallen die Gründe für die Schonung des Verfassers bei der Ersatzpflicht fort und der Verfasser ist zum Ersatze des vollen Schadens, insbesondere auch des entgangenen Gewinns, verpflichtet, der ihm durch die Nichterfüllung des ursprünglichen Verlagsvertrags entstanden ist. Dadurch wird indirekt die Pflicht zur Wiederanknüpfung statuiert[154].

---

[154]) Einer rechtsähnlichen Anwendung dieser Grundsätze für den Fall des § 18, wie Kohler es will, kann unsererseits nicht das Wort gesprochen werden. Hier hat der Verleger durch den Rücktritt des Verfassers pekuniäre Einbuße erlitten oder mindestens die Gewinnchance verloren, dort dagegen hat der Verfasser überhaupt keine pekuniären Verluste, da er das Honorar trotz der Kündigung des Verlegers erhält. Läßt sich daher ein Schadensanspruch gar nicht begründen, so ist er auch undurchführbar. In Betracht käme nur der Fall, daß der Verleger von sich aus das Werk bestellt hatte; da aber der Verleger jegliche Konkurrenzwerke in Verlag nehmen kann, ließe sich ein Verbot, dasselbe Werk z. B. einen Kommentar für ein Gesetz, bei einem anderen Autor zu bestellen, schon aus diesem Grunde nicht rechtfertigen.

II. Kapitel.

Das dingliche Verlagsverhältnis.

§ 13.

Begriff des Verlagsrechts.

Bisher ist nur das obligatorische Verlagsverhältnis zur Darstellung gelangt, wie wir es in allen Verlagsverträgen, sowohl über urheberrechtlich geschützte als über gemeinfreie Werke, in gleicher Weise finden. Während damit bei den Verlagsverträgen über Werke, an denen ein Urheberrecht nicht besteht — mögen sie nun für den Urheberschutz überhaupt ungeeignet oder zwar dessen fähig, aber die Schutzfrist für sie erloschen sein —, das durch den Vertrag geschaffene Verhältnis völlig erschöpft ist, treten bei den Verträgen über urheberrechtlich geschützte Werke noch dingliche Beziehungen hinzu, die dem Verlagsvertrag in seiner gewöhnlichen Form den eigentümlichen Charakter verleihen. Wir haben oben gesehen, daß das Urheberrecht mit einem dinglichen Recht, dem Verlagsrecht, belastet werden kann. Dieses Verlagsrecht ist das ausschließliche Recht zur Vervielfältigung und Verbreitung, kraft dessen der Verleger gegen den Autor, wie gegen jeden Dritten sein Recht selbständig geltend machen, insbesondere jedermann eine in seine Interessensphäre eingreifende Tätigkeit verbieten kann. Es ist ein ius in re immateriali aliena; wird daher sein Recht beeinträchtigt, so stehen dem Verleger — ähnlich wie dem Nießbraucher die Eigentumsklagen — die aus dem Urheberrecht als Immaterialgüterrecht entspringenden Klagen zu Gebote. Durch das Verlagsrecht soll die Rechtsstellung des Verlegers befestigt werden. Nur dies ist seine Bedeutung. Es kann daher der Ansicht Kohlers [155]) nicht beigetreten werden, daß das „Verlagsrecht" begrifflich nicht nur das Recht, sondern auch die Pflicht zur Vervielfältigung und Verbreitung enthalte. Kohler zieht das Benefizialrecht zur Vergleichung heran; wie das Recht des Vasallen mit Pflicht zu

---

[155]) Zuletzt 1906 S. 259 ff.

Ritterdiensten belastet und es ihm nur gegeben sei, um es ihm zu ermöglichen, seiner Pflicht in vollem Umfang zu genügen, so sei auch das Recht des Verlegers mit der Pflicht belastet, und erhielte der Verleger sein Verlagsrecht nur zu dem Zweck, um das Autorgut zu verwerten und dadurch die Pflicht gegen den Verfasser zu erfüllen. Die Verpflichtung sei dem Verlagsrecht immanent. So verlockend diese geistreiche Konstruktion auf den ersten Blick erscheint, so dürfte sie sich doch weder mit dem geltenden Recht, noch mit den praktischen Bedürfnissen decken. Die obligatorische Verpflichtung zur Vervielfältigung und Verbreitung hat ihren Grund im Verlagsvertrag und entsteht entsprechend dem obligatorischen Recht mit Abschluß des Vertrages, während das Verlagsrecht erst mit der Ablieferung des Werkes entsteht. Da nun das obligatorische Recht und die obligatorische Verpflichtung auf dem Vertrage basieren, notwendigerweise nebeneinander bestehen und nur beide zusammen — nämlich durch Auflösung bzw. Erledigung des Vertrages — aufhören können, mit der Beendigung des Vertrages aber ferner stets auch das Verlagsrecht erlischt, so ist auch so mit dem Verlagsrecht stets die obligatorische Verpflichtung zur Vervielfältigung und Verbreitung verbunden, und eine Rechtfertigung dafür, die Verpflichtung in den Verlagsrechtsbegriff hineinzunehmen, ergäbe sich nur dann, wenn die dadurch erfolgende Verdinglichung der Verpflichtung des Verlegers den Anschauungen in Buchhändlerkreisen entspräche und dem Interesse des Verfassers zweckdienlich wäre. Dies ist aber nicht der Fall. Denn denkt man sich die Verpflichtung dem Verlagsrecht immanent, so wäre nicht nur eine Überschreitung des Rechts (etwa Herausgabe des Werkes in veränderter Form), sondern auch eine negative Überschreitung der Verpflichtung — Nichtgebrauch oder nichtgehörige Erfüllung — eine Urheberrechtsverletzung, weil das Urheberrecht eben nur durch das durch die Verpflichtung beschränkte Verlagsrecht belastet und der Verleger hierdurch dem Verfasser gerade in seiner Eigenschaft als Urheber verpflichtet wäre. Jegliche Vernachlässigung seiner Verpflichtung, z. B. auch ungenügende Propaganda, stellte eine Urheberrechtsverletzung dar, was aber den im Verlagshandel herrschenden Ansichten völlig widerspricht. Auch mit dem geltenden

Recht ist diese Auffassung unvereinbar. Von der klaren Bestimmung des § 8 VG. abgesehen, ist der Inhalt des Urheberrechts in dem § 11 UG. durch Aufzählung der ausschließlichen Befugnisse des Urhebers genau festgelegt. Es werden da eine Reihe von Verbietungsrechten gegen Dritte anerkannt, nirgends ist aber von einem Gebietungsrecht des Urhebers, kraft dessen er von Dritten die Vornahme gewisser Handlungen verlangen könnte, die Rede. Da aber eine Erweiterung des Immaterialgüterrechts durch den Verfasser ausgeschlossen ist, so ist auch die in der Aufnahme der Verpflichtung in den Verlagsrechtsbegriff liegende Verdinglichung derselben rechtlich unmöglich, und die Verpflichtung des Verlegers kann nur auf Grund des Verlagsvertrags erfolgen.

§ 14.

Umfang des Verlagsrechts.

a) Positive Befugnisse.

Hinsichtlich der positiven Seite des Rechts (von der Wesensverschiedenheit ganz abgesehen) deckt sich das Verlagsrecht völlig mit dem obligatorischen ausschließlichen Recht zur Vervielfältigung und Verbreitung. Da nun im Zweifel, wie wir gesehen, stets ein ausschließliches Recht zur Vervielfältigung und Verbreitung übertragen werden soll und anderseits überall da, wo es möglich, das absolute Recht zu verschaffen ist, so ist der Verfasser demgemäß verpflichtet, soweit nicht aus dem Vertrage sich ein anderes ergibt, dem Verleger das Verlagsrecht zu verschaffen (§ 8 VG.). Dies bedeutet: Die Bestellung des Verlagsrechts gilt in jedem Verlagsvertrag als stillschweigend vereinbart, sofern nicht ausdrücklich etwas Gegenteiliges ausgemacht, insbesondere die Parteien darüber einig sind, daß Gegenstand des Vertrags ein urheberrechtlich nicht geschütztes Werk sein soll. Der Verfasser hat also dafür zu sorgen, daß der Verleger das Verlagsrecht erwirbt, und weiterhin dafür einzustehen, daß dem Verleger das Verlagsrecht erhalten bleibt. In analoger Anwendung der Vorschriften über die Verschaffungspflicht des Verkäufers eines Rechts ist der Vertrag nicht deshalb als ungültig anzusehen, weil dem Verfasser etwa in Wahrheit das Urheberrecht an dem Werke nicht zusteht oder aus einem anderen Grunde die Verschaffung des Verlagsrechts nicht möglich ist. Vielmehr haftet der Verfasser für die Möglichkeit der Entstehung des Verlagsrechts, es sei denn, daß der Verleger den Mangel im Recht des Verfassers bei Abschluß des Vertrags kannte; trifft dies nicht zu, so kann der Verleger Schadenersatz wegen Nichterfüllung verlangen oder von dem Vertrage zurücktreten [156]).

Eine andere Frage ist, in welchem Zeitpunkt das Verlagsrecht entsteht. Da wir es hier mit einem dinglichen Recht zu tun haben, so muß seine Entstehung an die Bedingung geknüpft sein, daß der Verleger die Herrschaftsgewalt auch tatsächlich ausüben kann; das Verlagsrecht entsteht daher erst mit der Ablieferung des Werkes an den Verleger. Bei Werken, die in Abteilungen erscheinen sollen, entsteht das Verlagsrecht für jede Abteilung gesondert, je mit der Lieferung. Leider hat das Gesetz dies nicht zum zwingenden Recht erhoben; die Parteien können daher auch eine frühere oder spätere Entstehung des Verlagsrechts vereinbaren. Nur ist zu beachten: Ist das Werk bei Abschluß des Verlagsvertrags noch nicht fertig gewesen, so ist die Entstehung des Verlagsrechts erst mit der Ablieferung des Manuskripts oder, wenn es dem Verleger überhaupt nicht durch schriftliche Festlegung, sondern auf andere Weise, z. B. durch Vortrag, mitgeteilt werden soll, durch einen die Festlegung gestattenden Vortrag möglich; denn eine Vereinbarung, daß das Verlagsrecht mit der Vollendung des Werkes entstehen soll, wäre nichtig. Ist dagegen das Werk bei Abschluß des Vertrags fertig, so kann nach geltendem Recht das Verlagsrecht durch bloßen Vertrag entstehen.

Das Verlagsrecht erlischt durch Beendigung des Vertragsverhältnisses. Es dient ja der Befestigung des obligatorischen Rechts; fällt dieses nun fort, so ist auch für das Verlagsrecht kein Platz mehr da und es erlischt von selbst. Nicht aber ist etwa auch das Umgekehrte der Fall. Das Verlagsrecht erlischt spätestens mit Beendigung des Vertragsverhältnisses; erlischt es früher, so bleibt der Vertrag unberührt fortbestehen. Ein an sich mög-

---

156) §§ 440, 325 BGB.

licher Verzicht des Verlegers auf das Verlagsrecht, wie Erlöschen desselben durch darauf gerichteten besonderen Vertrag bei im übrigen Fortbestehen des Verlagsvertrags wird praktisch nicht vorkommen; wohl aber kann das Urheberrecht infolge Ablauf der gesetzlichen Schutzfrist aufhören, und damit geht selbstverständlich auch das Verlagsrecht unter; hier bleibt der Vertrag als Verlagsvertrag über ein urheberrechtlich nicht geschütztes Werk bestehen.

Hinsichtlich der positiven Befugnisse deckt sich der Umfang des Verlagsrechts mit dem obligatorischen ausschließlichen Recht: er richtet sich also vor allem nach dem Verlagsvertrage. Das Verlagsrecht kann aber immer nur zwei ausschließliche Befugnisse: die Vervielfältigung und Verbreitung umfassen; diese können in ihrer ganzen Ausdehnung, wie sie dem Urheber zustehen, oder beschränkt verschafft werden, stets bleibt jedoch deren Kern beim Urheber zurück und äußert sich mindestens in der Befugnis, jeden Mißbrauch des Verlagsrechts zu ahnden; mit Erlöschen des Verlagsrechts schwillt das Urheberrecht wieder zu seiner vollen Ausdehnung an. Wie das obligatorische ausschließliche Recht, ist demgemäß auch das Verlagsrecht in der Regel beschränkt: Welche Beschränkungen hinsichtlich des quantitativen Umfangs (nach Auflagen, bestimmte Anzahl von Exemplaren und Zeit) sowie des qualitativen Umfangs (nach der Art der Veröffentlichung: in Buchausgabe, periodischen Sammelwerken usw.) der Verlagsbefugnisse üblich und möglich sind, ist schon oben zur Darstellung gekommen; es ist aber noch eine dritte Beschränkung möglich, die selbstverständlich auch das obligatorische Recht trifft, aber bei der Zeichnung des obligatorischen Verhältnisses weniger interessierte, weil sie ausschließlich bei dem Verlagsvertrag mit Übertragung des Verlagsrechts vorkommt. Es ist die Beschränkung des ausschließlichen Rechts auf ein räumlich begrenztes Rechtsgebiet, sog. geteiltes Verlagsrecht. Während der Verleger in der Regel das Verlagsrecht für sämtliche Länder, in denen überhaupt das Werk Urheberschutz genießt, erhält und damit von ihm ausschließlich dort überall Exemplare verbreitet werden dürfen, kann der Urheber sein Werk auch mehreren Verlegern derartig in Verlag geben, daß jeder nur für ein bestimmtes Gebiet das Verlagsrecht erhält und demgemäß nur hier den urheberrechtlichen Schutz genießt, während seine Verbreitung eines Exemplars außerhalb des ihm zugewiesenen Gebietes eine Urheberrechtsverletzung darstellt. Während diese Art der Beschränkung des Verlagsrechts bei Werken der Literatur sehr selten, höchstens zwischen Deutschland und den Vereinigten Staaten von Amerika und auch Deutschland und der Schweiz vorkommt (vgl. Voigtländer S. 165), ist das geteilte Verlagsrecht im Musikalienverkehr sehr häufig und auch im internationalen Verkehr anerkannt[157]).

Innerhalb der vertraglich gezogenen Schranken darf der Verleger die Rechte des Urhebers ausüben. Überschreitet er diese Grenzen, so greift er widerrechtlich in die Befugnisse desselben ein. Wir haben hier also zwischen Urheberrechts- und Vertragsverletzung zu unterscheiden. Jede Urheberrechtsverletzung ist gleichzeitig eine Vertragsverletzung; aber nicht jede Vertragsverletzung ist eine Urheberrechtsverletzung. Vielmehr setzt eine Urheberrechtsverletzung Überschreitung der aus dem Verlagsrecht entspringenden — mittelbar oder unmittelbar — vertraglich begrenzten positiven Befugnisse des Verlegers voraus, während jede Vernachlässigung der Verpflichtung nur als Vertragsverletzung in Betracht kommt. Der Verfasser hat hier daher die Wahl, kraft seines Urheberrechts oder auf Grund des Verlagsvertrags gegen den Verleger vorzugehen.

b) Negative Befugnisse.

Hinsichtlich der negativen Befugnisse des Verlegers zeigt sich die Wesensverschiedenheit des obligatorisch ausschließlichen Rechts und des Verlagsrechts als absolutem Recht. Ist das erstere nur ein persönlicher Anspruch gegen den Verfasser auf Unterlassung gewisser Handlungen, so hat der Verleger kraft des Verlagsrechts ein Verbietungsrecht gegen den Verfasser wie gegen jeden Dritten und kann sein ausschließliches Recht gegen jedermann behaupten. Diese negativen Befugnisse entsprechen natürlich in vollem Umfang dem positiven Recht; sie finden aber ebenso an den natürlichen oder vertrags-

[157]) Vgl. die Übereinkunft mit Belgien v. 12. Dezember 1883 Art. 11; Italien v. 20. Juni 1884 Art. 11, früher auch die Übereinkunft mit Frankreich v. 19. April 1883 Art. 11; die jetzige v. 8. April 1907 enthält hierüber nichts.

mäßig bestimmten Grenzen desselben ihre Schranken. Nur insoweit dem Verleger das ausschließliche Recht zur Vervielfältigung und Verbreitung zusteht, kann er Dritte hiervon ausschließen. Ist ihm daher das Verlagsrecht z. B. nur für ein bestimmtes Gebiet oder für eine bestimmte Zeit übertragen, so kann er nur für dieses Gebiet bzw. innerhalb der fraglichen Zeit die Ausbeutung des Werkes durch andere verbieten. Dieser Grundsatz erleidet aber in zwei Beziehungen eine wichtige Ausnahme: Eine dem Verleger untersagte Verwertungsart durch Dritte kann eine schwere Konkurrenz bedeuten; hier gehen deshalb die negativen Befugnisse über die positiven hinaus. Dies gilt 1. für die Vervielfältigung und Verbreitung von Bearbeitungen, insoweit solche nicht ausdrücklich im Vertrage oder mangels besonderer Vereinbarung nach § 2 Abs. 2 VG. dem Urheber vorbehalten sind. Da der Verleger keinerlei Änderungen an dem Werke vornehmen darf, steht ihm auch die Ausübung des Vervielfältigungs- und Verbreitungsrechts hinsichtlich Bearbeitungen nicht zu. Trotzdem aber kann er kraft seines ausschließlichen Rechts anderen die Vervielfältigung und Verbreitung von Bearbeitungen untersagen. Verboten ist daher jedem, ohne Einwilligung des Verlegers insbesondere die Rückübersetzung des in Verlag gegebenen Werkes in die Sprache des Originalwerkes, die Wiedergabe eines Gedichtes in Prosa, bei Werken der Tonkunst die Herstellung von Auszügen oder Transpositionen; dagegen steht dem Verleger kein Verbietungsrecht zu:

1. hinsichtlich der Übersetzung in eine andere Sprache oder Mundart;

2. für die Wiedergabe einer Erzählung in dramatischer Form oder eines Bühnenwerkes in der Form einer Erzählung und

3. für die Bearbeitung eines Werkes der Tonkunst, von der Herstellung von Auszügen oder Transpositionen abgesehen, weil diese Befugnisse, wie oben gezeigt, beim Verfasser bleiben;

4. für die qualitativen Beschränkungen. Wenn auch dem Verleger die Verwertung des Werkes nur in einer bestimmten Gestalt gestattet ist, z. B. nur in Einzelbuchausgabe, so ist doch jede Vervielfältigung und Verbreitung in anderer Form — sei es in einem Sammelwerk oder Zeitschrift, in einer Prachtausgabe

oder einer Gesamtausgabe — eine Verletzung eines ausschließlichen Rechts und kann deshalb von ihm verboten werden.

Der Umfang des Verbietungsrechts des Verlegers läßt sich demgemäß nicht allgemein nach seinem positiven Recht bestimmen, sondern hängt davon ab, in welchem Umfang der Verfasser sich im Verlagsvertrage verpflichtet hat, sich der Vervielfältigung und Verbreitung zu enthalten. In welchem Maße das zu geschehen hat, wenn keine besonderen Abreden getroffen sind, ist oben ausführlich behandelt worden.

§ 15.
Verlagsrechtsverletzung.

Verstößt nun der Verfasser gegen seine Enthaltungspflicht, so verletzt er nicht nur den Verlagsvertrag, sondern auch das dingliche Recht des Verlegers, das Verlagsrecht, und der Verleger kann sowohl die aus dem Vertrage sich ergebenden Rechtsbehelfe als die verlagsrechtlichen Befugnisse ausüben. Auch hier ist wieder zu beachten: wenn auch jede Verlagsrechtsverletzung eine Verlagsvertragsverletzung ist, so ist doch nicht jede Verletzung des Verlagsvertrags auch eine Verletzung des Verlagsrechts. Verlagsrechtsverletzung liegt vielmehr nur dann vor, wenn der Verfasser irgend eine der ihm kraft seines Urheberrechts ausschließlich zustehenden Befugnisse, deren Ausübung ihm im Verlagsvertrag untersagt ist, vertragswidrig ausübt, während andere Zuwiderhandlungen, wie ein vertragsmäßig untersagtes Zitieren aus seinem Werke, nur eine Vertragsverletzung darstellen würden.

Die Enthaltungspflicht des Verfassers ist auch der Maßstab für eine Verlagsrechtsverletzung durch dritte Personen; diese ist nämlich gegeben, wenn ein Dritter irgend eine Vervielfältigungs- oder Verbreitungshandlung vornimmt, die eine Verletzung des Urheberrechts enthält, sofern nicht dem Verfasser diese Handlung dem Verleger gegenüber vorbehalten ist.

§ 16.
Rechtsbehelfe zum Schutze des Verlagsrechts.

Zum Schutze des Verlagsrechts gewährt nun das Gesetz dem Verleger dieselben Rechtsbehelfe, die dem Urheber gegeben sind.

„Soweit der Schutz des Verlagsrechts es erfordert, kann der Verleger gegen den Verfasser sowie gegen Dritte die Befugnisse ausüben, die zum Schutze des Urheberrechts durch das Gesetz vorgesehen sind.“ Mag hiernach die Verletzung seines Verlagsrechts (und zwar der negativen Befugnisse desselben!) vom Verfasser oder irgend einem Dritten begangen sein, so darf er gleich dem Urheber diesen Eingriff verfolgen. Ist die Handlung vorsätzlich oder fahrlässig begangen worden, so kann der Verleger Schadensersatz auf Grund des § 36 UG. beanspruchen. Bei vorsätzlicher Begehung kann er weiter sogar Bestrafung beantragen[158]) (§§ 38 und 40 UG.) und statt der zivilrechtlichen Geltendmachung eines Schadensersatzanspruchs in dem Strafverfahren die Zuerkennung einer Buße (bis zum Betrage von 6000 Mark) verlangen. Weiterhin kann der Verleger, und zwar selbst dann, wenn weder Vorsatz noch Fahrlässigkeit vorliegt — der Täter also sich weder der Rechtswidrigkeit seiner Handlung bewußt war, noch unterlassen hatte, die im Verkehr erforderliche Sorgfalt anzuwenden, um zu erkennen, daß ein fremdes Recht dadurch verletzt werde (Fall des entschuldbaren Irrtums) —, zur Sicherung gegen weitere Beeinträchtigungen selbständig oder neben weitergehenden Anträgen im Wege des bürgerlichen Rechtsstreits oder im Strafverfahren verlangen, daß auf Vernichtung der widerrechtlich hergestellten oder verbreiteten Exemplare und der zur widerrechtlichen Vervielfältigung ausschließlich bestimmten Vorrichtungen, wie Formen, Platten, Steine, Stereotypen erkannt werde; statt der Vernichtung kann er jedoch auch verlangen, daß ihm das Recht zuerkannt werde, die Exemplare und Vorrichtungen ganz oder teilweise gegen eine angemessene, höchstens dem Betrage der Herstellungskosten gleichkommende Vergütung zu übernehmen (vgl. §§ 42, 43, 46, 47, 48 UG.).

---

[158]) Und zwar kann auf eine Geldstrafe bis zu 3000 Mark erkannt werden.

Die Rechtsstellung des Verlegers nach außen.

§ 17.

Das Verbietungsrecht des Verlegers gegen Dritte.

Die Frage, inwieweit Dritte durch die Rechtsstellung des Verlegers berührt werden, bzw. mit oder ohne Willen des Verlegers in seine Rechte eintreten können, läßt sich nicht streng getrennt von der Darstellung des Verlagsverhältnisses erörtern, weil auch die Rechtsstellung des Verlegers nach außen gerade auf dem Verlagsvertrag beruht und nur nach seinem Inhalt und Zweck obige Fragen beantwortet werden können.

So sind die ausschließlichen Befugnisse, die den Inhalt des Verlagsrechts ausmachen und dem Verleger ein Verbietungsrecht gegen Dritte gewähren, schon bei dem Verhältnis des Verlegers zum Verfasser gekennzeichnet worden, da gegenüber dem absoluten Recht, dem Verlagsrecht, der Verfasser jedem Dritten gleichsteht. Es erübrigt sich daher, hier noch einmal auf das Verbietungsrecht des Verlegers und den Tatbestand der Verlagsrechtsverletzungen durch Dritte, sowie die dem Verleger aus dem Verlagsrecht zustehenden Rechtsbehelfe einzugehen, vielmehr kann auf die früheren Ausführungen verwiesen werden. Nur in einem Punkte bedürfen diese hier einer Ergänzung. Es ist schon mehrfach bemerkt worden, daß die ausschließlichen Befugnisse des Urhebers, die ja stets das äußerste Maß der Befugnisse des Verlagsberechtigten bilden, im Urhebergesetz scharf begrenzt sind, insbesondere dabei auch die Frage, inwieweit Dritte das Werk verwerten können, genau entschieden ist. Auf eingehende Behandlung der hier geltenden Grundsätze muß im Rahmen dieser Arbeit verzichtet werden. Indessen bricht sich auch das Verlagsrecht an den Dritten gesetzlich zugestandenen Befugnissen, daher dürfte sich eine kurze Darstellung derselben rechtfertigen. Während an sich jede Vervielfältigung ohne Einwilligung des Verlegers, auch wenn sie nur in einem Exemplar erfolgt, als Nachdruck verboten ist, ist eine Vervielfältigung zum persönlichen Gebrauch, gleichgültig, durch welches Verfahren sie bewirkt wird, zulässig, wenn sie nicht den Zweck hat, aus dem Werke eine Einnahme zu erzielen. Ausnahmsweise ist aber auch eine Vervielfältigung zum Zwecke der öffentlichen Wiedergabe und die gewerbsmäßige Verbreitung gestattet, nämlich:

1. bezüglich Gesetzbüchern, Gesetzen, Verordnungen, amtlichen Erlassen und Entscheidungen, sowie von anderen zum amtlichen Gebrauch hergestellten amtlichen Schriften (vgl. § 16 UG.);
2. bezüglich Vorträgen und Reden, die Bestandteile einer öffentlichen Verhandlung sind oder bei Verhandlungen der Gerichte, der politischen, kommunalen oder kirchlichen Vertretungen gehalten werden, jedoch dürfen sie nicht in einer Sammlung erscheinen, die der Hauptsache nach Reden desselben Verfassers enthalten, erstere außerdem auch nur in Zeitungen oder Zeitschriften (§ 17 UG.);
3. bezüglich einzelner Artikel aus Zeitungen, sofern sie nicht mit einem Vorbehalte der Rechte versehen sind; auch ist der Abdruck nur unter Quellenangabe zulässig. Hinsichtlich der Nachrichten tatsächlichen Inhalts und Tagesneuigkeiten besteht sogar ein freies Wiedergaberecht; anderseits ist für Ausarbeitungen wissenschaftlichen, technischen oder unterhaltenden Inhalts der Abdruck verboten (§ 18 UG.).
4. Weiterhin können — aber auch nur unter Quellenangabe — in gewissem Umfang aus Werken der Literatur wie der Tonkunst einzelne Stellen in selbständigen Arbeiten zitiert und Dichtungen, die den Text zu einer Komposition abgeben, mit dieser, beziehentlich zum Zwecke der Aufführung derselben auch ohne sie, wiedergegeben werden, ferner Abbildungen aus einem erschienenen Werk einem Schriftwerk zum Zweck der Erläuterung des Inhalts beigefügt werden (vgl. §§ 19 bis 26 UG.).

§ 18.

Die Übertragbarkeit der Verlegerrechte.

Weiterhin läßt sich aber auch die Frage, ob das Verlagsrecht wie jedes andere Vermögensrecht zu behandeln und demgemäß auch auf dritte Personen, sei es auf Grund eines Vertrages oder auf Grund von Zwangsmaßregeln, übergehen kann, nur nach der Natur und dem Inhalt des Verlagsverhältnisses beurteilen, und erst nach deren Entscheidung auch der Einfluß eines Wechsels in der Person des Verlegers auf den Verlagsvertrag besprechen. Daher muß hier auch wieder auf das Verlagsverhältnis zurückgegriffen und noch einiges, was zur Vermeidung von Wiederholungen absichtlich übergangen, in diesem Zusammenhang nachgeholt werden.

Wenn von der Übertragbarkeit der Verlegerrechte die Rede ist, so kann es sich natürlich stets nur um den Übergang der gesamten aus dem Vertrage resultierenden Rechtsstellung des Verlegers handeln. Wir haben oben den innigen Zusammenhang zwischen dem Verlagsrecht und den obligatorischen Rechten und Pflichten kennen gelernt, daß hier der Satz weiter keiner Begründung bedarf, daß die Rechte des Verlegers nicht etwa ohne die Verpflichtung übertragen werden können. Es kann also nicht etwa das Verlagsrecht auf einen Dritten übergehen, während die Verpflichtung bei dem Veräußerer zurückbliebe. Ein solcher Vertrag wäre nichtig.

Über die Zulässigkeit der Übertragung der Verlegerrechte herrschen nun gerade deshalb noch heute die verschiedensten Kontroversen. Das Wesen der vom Verleger zu bewirkenden Leistung und ihre Verknüpfung mit der Person des Verpflichteten ist das ausschlaggebende Moment für die Entscheidung der Frage. Eine Reihe von Schriftstellern verneinen kategorisch die Übertragbarkeit der Verlegerrechte: so Gerber[159]), Hinschius[160]), Stobbe[161]), Osterriet[162]), Alexander-Katz[163]); ferner Kohler[164]), Wächter[165]), Mittermaier[166]), letztere jedoch mit der Einschränkung, daß bei

[159]) S. 393 ff.

[160]) S. 305 ff.

[161]) S. 302 ff.

[162]) Altes und Neues, S. 104, Bem. S. 53 ff.; Gutachten S. 183.

[163]) Gutachten S. 146.

[164]) Autorrecht S. 413 ff. und neuerdings 1906 S. 261 ff.

[165]) Bd. I, S. 265 ff.

[166]) Bd. II, S. 80.

der Übertragung des ganzen Verlagsgeschäfts oder des einzelnen Verlagszweiges an einen Dritten auch die Verlagsrechte übergehen, da sonst der Verleger indirekt gezwungen werde, Buchhändler zu bleiben, auch wenn er sein Geschäft aufgeben wolle, und vor allem der Verfasser „vernünftigerweise mit solchen Umständen rechnen müsse", in der Hauptsache auch durch solchen Übergang des Geschäftes in andere Hände die Geschäftsmaximen wie der ganze Betrieb keine wesentliche Änderung zu erfahren pflege. Dagegen treten für die Zulässigkeit der Übertragbarkeit ein insbesondere Klostermann[167]), Schürmann[168]), Kirchheim[169]), Allfeld[170]), Scheele[171]), Laband[172]). Als Hauptargument für die Unübertragbarkeit wird angeführt, daß die Verpflichtung des Verlegers höchstpersönlich sei, die Person des Verpflichteten sei auf das Vertragsverhältnis von so überwiegendem Einfluß, daß die Verlagstätigkeit eines anderen nicht mehr den nämlichen Erfüllungseffekt erzeugt, wie die Verlagstätigkeit des ausgewählten Verlegers: Firma, Beziehungen, Renommee und Geschäftsusancen geben der Verlagstätigkeit eines jeden Verlegers einen von der Verlagstätigkeit eines anderen völlig verschiedenen Effekt. Nun sind zweifelsohne die angeführten Momente von höchstem Einfluß für den Erfolg eines Buches; deswegen können sie aber nicht die Verpflichtung des Verlegers zu einer höchstpersönlichen stempeln: Diese Bedingungen können in Hunderten von Verlagsanstalten in genau demselben Maße gegeben sein, und dann ist jede andere auf der gleichen Stufe stehende Verlagsanstalt zum Verlegen des Werkes ebenso berufen. Aber auch die Befürchtung, daß möglicherweise eine Veräußerung an eine minder angesehene und befähigte Firma eine wirtschaftliche Schädigung des Verfassers zur Folge haben könne, ist lediglich theoretisch: Nur eine der Ver-

---

[167]) Urheberrecht S. 147 ff. und geistiges Eigentum S. 335.

[168]) Rechtsverhältnisse S. 341.

[169]) Jur.-Ztg. V. Jahrgang Nr. 17, 18, S. 389 ff.

[170]) 1893 S. 54 ff.

[171]) UR. S. 22.

[172]) a. a. O. Ziff. 106 ff. Vgl. ferner die Ausführung von Stenglein, Lehmann a. a. O. S. 38 u. 45.

äußernden gleichstehende Verlagsanstalt, ist im praktischen Leben in der Lage, deren Rechte käuflich zu erwerben, da anderen die pekuniären Mittel dazu fehlen! Anderseits muß aber ein Veräußerungsverbot die Interessen des Verlegers außerordentlich schädigen: Die Verlagsrechte bilden einen wesentlichen Bestandteil des Vermögens der Verlagsanstalt und auf ihnen gerade beruht die Grundlage des Kredits[173]); da eine Übertragbarkeit Voraussetzung für das Recht der Gläubiger ist, sich aus den Rechten zu befriedigen, so bedeutete die Unübertragbarkeit die Zerstörung des Kredits der Verleger. Auch die Beschränkung des Verbots auf die Einzelveräußerung eines Verlagsrechts schafft keine Besserung. Erstens sind die Gründe hierfür nicht überzeugend: abgesehen von dem Fall der Beerbung, deren Zulässigkeit von niemand bestritten wird, tritt doch auch bei Übertragung des ganzen Verlages ein Fremder in die einzelnen Verlagsverhältnisse ein, und die Gefahr unsachgemäßen Betriebes könnte hier ebenso auftreten. Vor allem aber besteht auch hier noch eine höchst bedenkliche Gefährdung der wirtschaftlichen Interessen des Verlegers. Die Möglichkeit eines Verkaufs des Verlagsgeschäfts im ganzen ist stets eine höchst geringe; im Konkurse müßte also regelmäßig die Anordnung der sehr kostspieligen und langwierigen Verwaltung erfolgen, und dem Verleger, der sich von seinem Geschäfte zurückziehen will, wäre geradezu die Möglichkeit benommen, sein Geschäft aufzulösen. Demgemäß erscheint ein Veräußerungsverbot der Rechte des Verlegers, sofern dieser nicht selbst im einzelnen Fall eine solche Verpflichtung eingeht, nicht gerechtfertigt. Der Verleger muß grundsätzlich zur Weiterveräußerung befugt sein; höchstens dann dürfte dem Verfasser ein Widerspruchsrecht zugebilligt werden, wenn dieses im einzelnen Fall durch ein besonderes Interesse begründet ist. Diesen letzteren Standpunkt vertritt das Verlagsgesetz. Danach sind grundsätzlich die Rechte des Verlegers übertragbar, soweit nicht die Übertragung durch Vereinbarung zwischen dem Verfasser und Verleger ausgeschlossen ist. Diese Vereinbarung, mag sie ausdrücklich ausgemacht sein oder sich aus den Umständen ergeben,

---

173) Vgl. Kirchheim a. a. O.

hat ausnahmsweise die Wirkung eines absoluten Veräußerungsverbots und zwar nicht nur bei Veräußerung eines einzelnen Verlagsrechts, sondern auch bei Veräußerung des ganzen Verlagsgeschäfts[174]). Die Vereinbarung wirkt also nicht nur zwischen den Kontrahenten, sondern auch dem Dritten gegenüber, auf welchen der Verleger etwa entgegen der Abmachung seine Rechte übertragen hat. Der Vertrag mit dem Dritten ist nichtig, und jede von diesem etwa vorgenommene Vervielfältigung und Verbreitung würde sich als Urheberrechts- und Verlagsrechtsverletzung (!) darstellen. Auch die Vorschriften zugunsten derjenigen, welche Rechte von einem Nichtberechtigten herleiten, finden keine entsprechende Anwendung[175]).

---

[174]) A. M. Kohler 1906 S. 263; jedoch ergibt sich dies klar aus dem Gesetz. Das Recht, durch Vereinbarung die Veräußerung auszuschließen wird ausdrücklich allgemein mit dem Grundsatz, daß die Rechte des Verlegers veräußerbar sind, normiert und als Hauptgrundsatz vorangestellt. Eine differentielle Behandlung der Veräußerung des einzelnen Verlagsrechts und des ganzen Verlagsgeschäftes wäre in diesem Punkte auch ungerechtfertigt, da bei der Veräußerung des einzelnen Werkes der Verfasser schon genügend geschützt war; was außerdem noch hier gilt, muß auch dort gelten! Auch Spahn D. Jur.-Ztg., Bd. 6, S. 173, vertrat zuerst diese Ansicht, hat sie aber ebenda S. 204, 205 als irrig zurückgenommen.

[175]) Die Vorschriften des § 405 in Verbindung mit § 413 B.GB. können nicht, wie Mittelstaedt-Hillig S. 97 und Allfeld S. 493 meinen, hier analoge Anwendung finden: Wenn danach der Schuldner, der eine Urkunde über die Schuld ausgestellt hat, im Fall der Abtretung der Forderung unter Vorlegung der Urkunde (ohne daß das Verbot der Abtretung aus der Urkunde ersichtlich) sich nicht darauf berufen kann, daß die Abtretung durch Vereinbarung mit dem ursprünglichen Gläubiger ausgeschlossen sei, es sei denn, daß der neue Gläubiger bei der Abtretung den Sachverhalt kannte oder kennen mußte (§ 405 BGB.), so gilt es nur für die rechtsgeschäftlichen Veräußerungsverbote des BGB., bei welchen nach § 137 BGB. die Wirkung gegen Dritte begrifflich ausgeschlossen ist. Das ist ja aber gerade die Bedeutung der in Rede stehenden Vereinbarung zwischen Verfasser und Verleger, daß sie absolut also unbedingt jedem Dritten gegenüber wirkt; es handelt sich auch nicht etwa nur um ein relatives Veräußerungsverbot nach § 135 BGB.; denn dann wäre es nach § 13 KO. den Konkursgläubigern gegenüber unwirksam, was nicht der Fall ist!

Ist keine die Veräußerung ausschließende Vereinbarung getroffen worden, so ist zu unterscheiden zwischen der Veräußerung des ganzen Verlagsgeschäfts oder des einzelnen Verlagszweiges z. B. des juristischen Teiles eines Verlages und der Veräußerung einzelner Verlagsrechte. Während erstere dem Verleger unbedingt freisteht, gilt bezüglich letzterer etwas Besonderes: Der Verleger kann durch einen Vertrag, der nur über einzelne Werke geschlossen wird, seine Rechte nicht ohne Zustimmung des Verfassers übertragen; aber diese Zustimmung kann nur verweigert werden, wenn ein wichtiger Grund vorliegt. Danach ist also die Erteilung der Zustimmung erzwingbar, wenn kein wichtiger Grund vorliegt, worüber das Ermessen des Richters entscheidet[176]. Weiterhin ist im Interesse des Verlegers bestimmt, daß die Verweigerung der Zustimmung nur innerhalb einer bestimmten Frist erklärt werden kann: Fordert der Verleger den Verfasser zur Erklärung über die Zustimmung auf, so gilt diese als erteilt, wenn nicht die Verweigerung von dem Verfasser binnen zwei Monaten nach dem Empfang der Aufforderung dem Verleger gegenüber erklärt wird. Hierbei ist noch zu beachten: Die Aufforderung des Verlegers ist eine empfangsbedürftige Willenserklärung und folgt ihren Gesetzen; die Verschweigung dagegen hat — wie Kohler[177]) insbesondere betont und mit Recht diese Regelung als bedenklich und inkonsequent rügt — keine rechtsgeschäftliche Wesenheit und tritt ein ohne Rücksicht auf die Geschäftsfähigkeit, insbesondere auch ohne die Befugnis der Wiederherstellung.

Ist die Übertragung der Rechte einmal erlaubt, so ist es nach dem oben Gesagten selbstverständlich, daß der Verfasser sich auch die Vornahme der Vervielfältigung und Verbreitung durch den Rechtsnachfolger unter dessen Firma gefallen lassen muß. Das Gesetz spricht dies noch ausdrücklich aus: Die dem Verleger obliegende Vervielfältigung und Verbreitung kann auch durch den Rechtsnachfolger bewirkt werden. Mit dem Erwerb der Verleger-

[176]) Im Fall der Verurteilung gilt die Erklärung der Zustimmung als abgegeben, sobald das Urteil rechtskräftig geworden (§ 894 ZPO.).

[177]) 1906 S. 263.

rechte ist auch die Verpflichtung auf den Verleger übergegangen. Damit ist nicht etwa der Verleger dem Verfasser gegenüber frei geworden. Vielmehr gilt folgendes: Übernimmt der Rechtsnachfolger dem Verleger gegenüber die Verpflichtung, das Werk zu vervielfältigen und zu verbreiten, so haftet er dem Verfasser für die Erfüllung aller aus dem Verlagsvertrage sich ergebenden Verbindlichkeiten neben dem Verleger als Gesamtschuldner. Auf das sich hieraus ergebende Verhältnis finden die allgemeinen Vorschriften des BGB. (§§ 421—425) Anwendung[178]. Selbstverständlich ist, daß diese Grundsätze nur auf die im Verlagsvertrage selbst beruhenden Verpflichtungen Anwendung finden. Auf eine bereits begründete Verpflichtung zum Schadenersatz erstreckt sich die Haftung des Erwerbers nicht (§ 28 a. E.).

§ 19.

Die Verlegerstellung als Gegenstand der Befriedigung der Gläubiger des Verlegers.

a) Verpfändung.

Nach der Übertragbarkeit der Verlegerstellung entscheidet sich auch die Frage nach der Zulässigkeit der Verpfändung der Rechte des Verlegers wie der Zwangsvollstreckung in dieselbe.

Insoweit die Rechte aus dem Verlagsvertrage veräußert werden können, können sie auch Gegenstand der Verpfändung sein, wobei zu beachten: daß zur Verpfändung des ganzen Verlagsgeschäfts oder eines Zweiges desselben auch nicht in einem einzigen der Verlagsverträge die Übertragung durch Vertrag ausgeschlossen sein darf. Die Verpfändung geschieht durch bloßen Vertrag; während bei einer Vereinbarung im Verlagsvertrag, daß die Rechte nicht veräußert werden dürften, der Pfandvertrag nichtig ist, bedarf dieser, auch wenn er nur über einzelne Werke geschlossen wird, nicht der Zustimmung des Verfassers, weil erst im Fall der Befriedigung aus den Rechten die Übertragung derselben in Frage

[178]) Vgl. hierzu die ausführliche Darstellung dieses Verhältnisses bei Stranz a. a. O. S. 305 ff.

kommt und sich erst hierbei etwaige Gründe, die den Verfasser zur Verweigerung der Zustimmung berechtigten, ergeben können. Der Pfandgläubiger kann im Zweifel seine Befriedigung auch aus den Verlagsrechten nur auf Grund eines vollstreckbaren Titels nach den für die Zwangsvollstreckung geltenden Vorschriften suchen (§ 1277 BGB.); natürlich kann der in Verfolg der Vollstreckung geschehende Eintritt eines neuen Verlegers sich nur nach den oben entwickelten Grundsätzen vollziehen. Verweigert der Verfasser im Fall der Verpfändung der Rechte am einzelnen Werk ohne wichtigen Grund die Zustimmung, so ist der Pfandgläubiger ebenso wie der Verleger befugt, den Verfasser zur Erteilung der Zustimmung zu zwingen [179]). Der Pfandkäufer übernimmt mit den Rechten natürlich auch die Verpflichtungen aus dem beziehungsweise den Verlagsverträgen, und es entwickelt sich dasselbe Verhältnis, wie bei Veräußerung der Rechte durch den Verleger. War der Verleger nicht zur Verpfändung berechtigt, weil die Veräußerung im Verlagsvertrag untersagt worden, so erwirbt auch der gutgläubige Gläubiger kein Pfandrecht, ebensowenig der gutgläubige Pfandkäufer weder bei dem Pfandverkauf durch einen Gläubiger, der überhaupt kein Pfandrecht erworben hatte, noch bei dem Pfandverkauf durch einen Pfandgläubiger, der die erforderliche Zustimmung zum Verkauf an diesen Käufer nicht hatte, die Verlegerrechte erwirbt, weil infolge der absoluten Natur des Veräußerungsverbotes allgemein die Vorschriften zugunsten derjenigen, welche Rechte von einem Nichtberechtigten ableiten, außer Anwendung bleiben müssen.

Von der Verpfändung der Rechte des Verlegers aus dem Verlagsvertrag ist wohl zu unterscheiden die Verpfändung des Verlagsvorrats, der einzelnen Abzüge des Werkes. Pfandrechte

---

[179]) A. M. Allfeld S. 497, nach dem der Anspruch auf Zustimmung wegen Mangels eines wichtigen Grundes ein höchst persönlicher Anspruch ist und daher nur dem Verleger zusteht; dem kann nicht beigetreten werden: der Anspruch steht dem Verleger kraft seiner auf dem Verlagsvertrag basierenden Rechte zu, die aber grundsätzlich veräußerlich sind. Wenn nun der Verleger diese Rechte verpfändet, sind auch sämtliche daraus entspringenden Befugnisse mit verpfändet. Anderenfalls wäre eine Verpfändung der Rechte an einem einzelnen Werk praktisch undurchführbar.

an dem Verlagsvorrat können sowohl auf Grund eines Vertrags als kraft Gesetzes entstehen; als letzteres kommt insbesondere das Pfandrecht des Buchbinders in Betracht, welches ihm aus einem zwecks Fertigmachung der Exemplare mit dem Verleger abgeschlossenen Werkvertrag (nach § 647 BGB.) zusteht. An sich erfolgt hier die Zwangsvollstreckung nach den allgemeinen Vorschriften (§§ 1228 ff. und § 1257 BGB.). Von Interesse ist es aber deshalb, weil es zunächst fraglich erscheint, ob der Pfandkäufer der Exemplare zu deren gewerbsmäßigen Verbreitung berechtigt ist, bei Verneinung dieser Frage aber das Pfandrecht geradezu illusorisch wäre, da dann sich schwerlich ein Käufer finden würde. Mit dem Eigentum an den Exemplaren ist zweifelsohne an sich das Verbreitungsrecht nicht verbunden; vielmehr dürfen nur diejenigen Exemplare gewerbsmäßig weiterverbreitet werden, die von dem Berechtigten in den Verkehr gebracht worden sind. Allfeld[180]) verneint deshalb die Zulässigkeit der gewerbsmäßigen Verbreitung durch den Pfandkäufer, vielmehr sei dies nur dadurch zu erreichen, daß mit den Exemplaren zugleich das ausschließliche Verbreitungsrecht in zulässiger Weise zum Gegenstand der Zwangsvollstreckung gemacht werde[181]). U. E. wird jedoch dabei ein sehr wichtiges Moment übersehen: In der Verpfändung, die ja zu dem Zwecke erfolgt, damit sich der Gläubiger wegen seiner Forderung gegen den Verleger gegebenenfalls durch Verkauf aus dem Erlöse befriedigen kann, liegt ein Inverkehrbringen der Exemplare; dem Pfandgläubiger wird vom Berechtigten das Veräußerungsrecht übertragen, daher sind die durch ihn verkauften Exemplare als rechtmäßig verbreitete anzusehen und deren Käufer zur gewerbsmäßigen Weiterveräußerung berechtigt. Was aber vom vertragsmäßigen Pfandrecht gilt, gilt auch von dem kraft Gesetzes entstandenen[182]).

---

[180]) S. 497 und 109; ebenso jedoch schwankend Voigtländer S. 66.

[181]) Der Pfandgläubiger, z. B. der Buchbinder, müßte zu diesem Zweck erst ein vollstreckbares Urteil wegen seiner Forderung erwirken und dann sich das Recht zur Verbreitung pfänden lassen!

[182]) Der Verleger, der z. B. den Werkvertrag mit dem Buchbinder abschließt, willigt damit mangels anderweitiger Abmachung stillschweigend darin ein, daß der Buchbinder ein Pfandrecht an den Exemplaren, die er in seinem Besitz hat, erwirbt.

b) Die Zwangsvollstreckung.

Was die Zwangsvollstreckung in die Rechte des Verlegers aus dem Verlagsvertrag durch die Gläubiger des Verlegers anbelangt, so ist ihre Zulässigkeit, ebenso wie die Verpfändung der Rechte, durch die Übertragbarkeit der Verlegerstellung bedingt. Die Verhältnisse gestalten sich genau so, wie bei der Verpfändung der Rechte, daher kann auf die dortigen Ausführungen verwiesen werden[183]).

Auch die bei der Zwangsvollstreckung in den Verlagsvorrat wieder auftauchende Frage, ob der Käufer der gepfändeten und versteigerten Exemplare das Weiterverbreitungsrecht erwirbt, ist ebenso zu entscheiden, wie bei Verpfändung der Exemplare. Der Zwangsakt ersetzt den Willen des Verlegers, daher müssen die Exemplare als vom Berechtigten verbreitet gelten.

c) Konkurs des Verlegers.

Im engen Zusammenhang mit der Frage nach der Übertragbarkeit der Rechte aus dem Verlagsvertrag steht weiter die Frage, inwieweit diese Rechte im Konkurs des Verlegers zur Masse gezogen und zugunsten der Konkursgläubiger verwertet werden können. Wohl nirgends stoßen die Interessen des Verfassers und der Verlagsanstalt, beziehungsweise deren Gläubiger, so schroff aufeinander, als im Konkurs des Verlegers. Der meistbietende Verkauf eines Geisteswerks ist leicht geeignet, dessen Ansehen herabzudrücken, und nicht mit Unrecht hat man darauf hingewiesen, daß die „Arbeitskraft eines Schriftstellers nicht eine Ware sei, die im Konkurs des Verlegers dauernd an den ersten besten verkauft werden könne"[184]). Anderseits müssen aber auch die im Fall der Konkurseröffnung an sich schon gefährdeten Interessen der Konkursgläubiger nach Möglichkeit Berücksichtigung finden, zumal eine Anordnung der Zwangs-

---

[183]) Insbesondere ist die Pfändung ungültig, aber auch nur dann ungültig, wenn die Veräußerung im Verlagsvertrag ausgeschlossen ist. Anderenfalls ist sie stets gültig, auch bei Pfändung der Rechte an einzelnen Werken, nur bedarf die Übertragung in der Vollstreckung der Zustimmung des Verfassers, die jedoch nur aus wichtigen Gründen verweigert werden darf.

[184]) Vgl. Oetker, Juristen-Zeitung Bd. VI, S. 8, 9 ff.

verwaltung selten zu einem befriedigenden Resultat führen wird. Eine einseitige, nur die Interessen des Verfassers wahrende Regelung der Verhältnisse im Konkurs würde aber eine schwere Kreditschädigung der Verleger und damit auch eine Gefährdung zweckentsprechender Erledigung der Verlagsgeschäfte bedeuten und dadurch indirekt auf die Verfasser zurückschlagen. Es galt hier um so sorgfältiger die berechtigten Interessen abzuwägen und dadurch einen Ausgleich zu schaffen, als die Bestimmungen über den Konkurs des Verlegers, wenigstens insoweit sie den Schutz der Konkursgläubiger bezwecken, zwingender Natur sind. Der hier in Frage stehende § 36 VG. enthält im Gegensatz zu allen anderen Vorschriften des Verlagsgesetzes ius cogens, kann also nicht von den Parteien durch Vereinbarung zum Nachteil der Konkursgläubiger abgeändert werden[185]).

In der Literatur, wie in der Rechtsprechung war man sich daher stets einig, daß dem Verfasser bei der Konkurseröffnung über das Vermögen des Verlegers unter gewissen Voraussetzungen ein Kündigungsrecht zustehe[186]), die Rechte des Verlegers aus dem Verlagsvertrage, insbesondere auch die Verlagsrechte, dem Konkursbeschlage unterliegen. Der Gemeinschuldner (Verleger) verliert die Fähigkeit, mit Wirksamkeit gegenüber den Gläubigern über die Konkursmasse zu verfügen, und unter völlig veränderten Verhältnissen, vor allem die pekuniären Interessen der Gläubiger wahrend, übt ein Fremder, der Konkursverwalter, die Rechte des Verlegers aus. Hier muß der Verfasser berechtigt sein, das Verhältnis zur Lösung zu bringen, wenigstens so lange, als der Verleger noch nicht mit der Bewirkung seiner Leistung, der Vervielfältigung, begonnen hat; von diesem Augenblick an — nicht schon mit der Ablieferung

---

[185]) Insbesondere wäre daher eine Vereinbarung zwischen Verleger und Verfasser des Inhalts, daß im Falle des Konkurses der Verfasser auch dann zurücktreten könne, wenn mit der Vervielfältigung zur Zeit der Konkurseröffnung bereits begonnen ist oder daß der Verfasser auf der Erfüllung des Vertrages bestehen könne, ohne Wirkung: Vgl. Allfeld S. 527/528.

[186]) Vgl. Wächter, Verlagsrecht S. 383 ff., Petsch S. 119 ff., Ungarn § 532, Schweiz. Obl.-R. Art. 390.

des Werkes — treten gewichtige Interessen des Verlegers an der Aufrechterhaltung des Vertrags auf und die des Verfassers müssen zurücktreten[187]). Daher bestimmt § 36 Abs. 3 VG.: War zur Zeit der Eröffnung des Verfahrens mit der Vervielfältigung noch nicht begonnen, so kann der Verfasser von dem Vertrage zurücktreten. Ist mit der Vervielfältigung schon begonnen, so ist der Rücktritt ausgeschlossen, und zwar nicht nur für diese, sondern für alle weiteren Auflagen, zu denen der Verleger berechtigt war[188]). Der Rücktritt erfolgt nach den oben entwickelten Grundsätzen. An Stelle des Verlegers ist der Konkursverwalter berechtigt, dem Verfasser eine angemessene Frist zu setzen zur Erklärung, ob er von seinem Rücktrittsrecht Gebrauch machen will oder nicht; mit Ablauf der Frist hat der Verfasser sein Recht verschwiegen, wenn er sich nicht rechtzeitig erklärt (BGB. § 355). Für die Ansprüche aus dem Rücktritt findet § 37 S. 2 VG. keine Anwendung, da der Ausbruch des Konkurses ein Umstand ist, den die Konkursmasse zu vertreten hat[189]); dieselben kann der Verfasser aber nur als Konkursforderung geltend machen[190]).

Aber auch der Konkursverwalter kann die Lösung des Vertrags herbeiführen, da unter Umständen eine kostspielige und langwierige Erfüllung von Verträgen die Masse sehr schädigen kann. Hat der Verleger seine Leistung zur Zeit der Eröffnung des Verfahrens noch nicht oder nicht völlig bewirkt, so liegt, da auch insbesondere im Hinblick auf seine Enthaltungspflicht und die Ge-

---

[187]) Ebenso Ungarn § 532.

[188]) Und dies mit Recht; denn der Rücktritt für die späteren Auflagen hätte tatsächlich die Unveräußerbarkeit der Auflage, auf welche sich der Rücktritt nicht erstreckte, zur Folge! And. Mein. Oetker, Juristen-Zeitung, Bd. VI S. 89.

[189]) Vgl. Mittelstaedt-Hillig S. 128.

[190]) Etwas anderes ist es bezüglich des Anspruchs auf Rückgabe des an den Verleger abgelieferten Manuskripts: Dieses verbleibt Eigentum des Verfassers und zwar selbst dann, wenn er sich die Rückgabe nicht vorbehalten hatte, da dieser Verzicht sich nur auf den Fall der Durchführung der Vervielfältigung und Verbreitung bezieht (vgl. Allfeld S. 533 und Mittelstaedt-Hillig S. 128); hier steht ihm deshalb ein Aussonderungsanspruch (KO. S. 43) zu.

stattung der Vervielfältigung und Verbreitung der Verfasser nach Ablieferung des Manuskripts noch nicht vollständig erfüllt hat[191]), ein zweiseitiger, zur Zeit der Eröffnung des Konkurses von keinem der Vertragschließenden vollständig erfüllter Vertrag vor, der daher den Vorschriften des § 17 KO. unterliegt. Macht der Verfasser von seinem Rücktrittsrecht keinen Gebrauch oder hat die Vervielfältigung zur Zeit der Konkurseröffnung bereits begonnen, so hat der Konkursverwalter die Wahl, ob er die Erfüllung vom Verleger verlangen und dann seinerseits an Stelle des Verlegers den Vertrag erfüllen, oder ob er die Vertragserfüllung ablehnen will. Der Verfasser kann den Verwalter, auch wenn die Erfüllungszeit noch nicht eingetreten ist, zur Erklärung auffordern; gibt dieser sie nicht ohne Verzug, d. h. ohne schuldhaftes Zögern[192]), so kann er nicht mehr auf Erfüllung bestehen. Lehnt nun der Verwalter — ausdrücklich oder stillschweigend — die Vertragserfüllung ab, so hat dies die Umwandlung des Anspruchs des Verfassers auf Erfüllung in eine Konkursforderung auf Schadenersatz wegen Nichterfüllung zur Folge[193]). Die Rechte und Verpflichtungen des Gemeinschuldners aus dem Verlagsvertrag gehen unter, und der Verfasser erhält das freie Verfügungsrecht über sein Werk zurück.

Besteht dagegen der Konkursverwalter auf der Erfüllung des Vertrages, so hat er an Stelle des Verlegers alle Verbindlichkeiten aus dem Verlagsvertrage zu erfüllen, kann aber anderseits auch alle Rechte geltend machen, insbesondere Erfüllung (z. B. Lieferung des Werkes oder Enthaltung) verlangen. Die Ansprüche des Verfassers aus der Erfüllung des Verlagsvertrags gegen die Masse sind Masseschulden im Sinne des § 59 Nr. 2 KO., sind also vor den Konkursforderungen (§ 57 KO.) und sogar vor den

---

[191]) Dies wird in § 36 Abs. 1 noch ausdrücklich betont. Die Bedenken Stengleins hiergegen sind nicht gerechtfertigt. Vgl. Allfeld S. 521, dem wir uns völlig anschließen.

[192]) Zu beachten ist, daß der Verwalter, falls ein Gläubigerausschuß bestellt ist — von ganz geringen Werten (bis 300 Mk.) abgesehen — vor Betätigung der Wahl die Zustimmung dieses Ausschusses einholen muß, was bei Bemessung der Frist in Rechnung zu ziehen ist.

[193]) Vgl. Jäger, Bem. 43 zu § 17, und Allfeld S. 530.

Massekosten (§ 60 KO.) zu berichtigen und unterliegen nicht dem Zwangsvergleich (§§ 191, 193 KO.). Gerade aber, weil der Konkursverwalter in sämtliche Verpflichtungen des Verlegers aus dem Verlagsvertrage, deren Ausführung oft schwierig und mindestens große Sachkenntnisse erfordert, eintritt, wird es meist im Interesse der Konkursgläubiger liegen, die Rechte des Verlegers durch Veräußerung zu verwerten. Hier gilt nun folgendes: Was die Zulässigkeit der Übertragung anbelangt, so kann der Konkursverwalter in demselben Umfang (aber auch nur ebenso) wie der Verleger selbst die Rechte aus dem Verlagsvertrage auf einen anderen übertragen. Der Konkursverwalter ist also insbesondere an eine die Übertragbarkeit ausschließende Vereinbarung in gleicher Weise gebunden und bedarf zu einer Veräußerung der Rechte am einzelnen Werke der Zustimmung des Verfassers, die dieser jedoch nicht ohne wichtigen Grund verweigern kann.

Bezüglich der Wirkung der Übertragung mußte dagegen ein wichtiger Unterschied in der Regelung eintreten. Da durch die Veräußerung der Konkursverwalter gerade von den Verbindlichkeiten aus dem Verlagsvertrage befreit werden sollte, so mußte das Gesamtschuldverhältnis, wie es sich im Fall des § 28 VG. entwickelt, vermieden werden. Vielmehr tritt derjenige, auf den der Konkursverwalter die Rechte des Verlegers überträgt, an Stelle der Konkursmasse in die sich aus dem Verlagsverhältnis ergebenden Verpflichtungen ein; die Konkursmasse haftet jedoch, wenn der Erwerber die Verpflichtungen nicht erfüllt, für den von dem Erwerber zu ersetzenden Schaden wie ein Bürge, der auf die Einrede der Vorausklage verzichtet hat[194]). Diese Verbindlichkeit ist eine bedingte Masseschuld und im Fall der Aufhebung des Konkursverfahrens durch den Konkursverwalter von Amts wegen sicherzustellen (§ 36 Abs. 2 VG.).

[194]) BGB. § 773.

Druck von A. W. Hayn's Erben, Potsdam.

Kolibri 360 GmbH
Ferdinand-Jühlke-Straße 7
99095 Erfurt, Deutschland
produktsicherheit@kolibri360.de